행복을 부르는
법화경 사경 7

행복을 부르는
법화경 사경 7

혜조 惠照 譯

은주사

| 묘법연화경 제一권 | 제1 서품 | 9 |
| | 제2 방편품 | 111 |

| 묘법연화경 제二권 | 제3 비유품 | 7 |
| | 제4 신해품 | 170 |

묘법연화경 제三권	제5 약초유품	7
	제6 수기품	49
	제7 화성유품	95

묘법연화경 제四권	제8 오백제자수기품	7
	제9 수학무학인기품	64
	제10 법사품	95
	제11 견보탑품	148
	제12 제바달다품	213
	제13 권지품	256

묘법연화경 제五권	제14 안락행품	7
	제15 종지용출품	87
	제16 여래수량품	155
	제17 분별공덕품	205

묘법연화경 제六권	제18 수희공덕품	7
	제19 법사공덕품	39
	제20 상불경보살품	113
	제21 여래신력품	150
	제22 촉루품	178
	제23 약왕보살본사품	190

묘법연화경 제七권	제24 묘음보살품	7
	제25 관세음보살보문품	58
	제26 다라니품	108
	제27 묘장엄왕본사품	139
	제28 보현보살권발품	181

제	이	십	사		묘	음	보	살	품
第	二	十	四		妙	音	菩	薩	品
차례 제	두 이	열 십	넉 사		묘할 묘	소리 음	보리 보	보살 살	가지 품

이	시		석	가	모	니	불		방
爾	時		釋	迦	牟	尼	佛		放
그 이	때 시		풀 석	막을 가	소우는소리모	여승 니	부처 불		놓을 방

대	인	상		육	계	광	명		급
大	人	相		肉	髻	光	明		及
큰 대	사람 인	모양 상		고기 육	상투 계	빛 광	밝을 명		및 급

방	미	간		백	호	상	광		변
放	眉	間		白	毫	相	光		遍
놓을 방	눈썹 미	사이 간		흰 백	터럭 호	모양 상	빛 광		두루 편(변)

조	동	방		백	팔	만	억		나
照	東	方		百	八	萬	億		那
비출 조	동녘 동	방위 방		일백 백	여덟 팔	일만 만	억 억		어찌 나

제24 묘음보살품

그때 석가모니 부처님께서 대인의 특징 가운데 하나인
육계로부터 찬란한 광명을 비추시었다.
그리고 미간의 백호상에서도 광명을 놓아, 동방으로 백팔만억

유	타		항	하	사	등		제	불
由	他		恒	河	沙	等		諸	佛
말미암을 유	다를 타		항상 항	물 하	모래 사	같을 등		모든 제	부처 불

세	계		과	시	수	이		유	세
世	界		過	是	數	已		有	世
세상 세	지경 계		지날 과	이 시	셀 수	마칠 이		있을 유	세상 세

계		명	정	광	장	엄		기	국
界		名	淨	光	莊	嚴		其	國
지경 계		이름 명	깨끗할 정	빛 광	꾸밀 장	엄할 엄		그 기	나라 국

유	불		호	정	화	수	왕	지	여
有	佛		號	淨	華	宿	王	智	如
있을 유	부처 불		이름 호	깨끗할 정	꽃 화	별자리 수	임금 왕	슬기 지	같을 여

래		응	공		정	변	지		명
來		應	供		正	遍	知		明
올 래		응당히 응	이바지할 공		바를 정	두루 편(변)	알 지		밝을 명

나유타 항하의 모래알처럼 많은 부처님 세계들을 빠짐없이 밝게 비추시었다.
그 수없이 많은 세계들을 지나서 정광장엄이라 부르는 세계가 있는데,
그 세계에 한 부처님께서 계셨다.
부처님 이름은 정화수왕지여래·응공·정변지·

행	족		선	서		세	간	해
行	足		善	逝		世	間	解
행할 행	족할 족		착할 선	갈 서		세상 세	사이 간	풀 해

무	상	사	조	어	장	부		천
無	上	士	調	御	丈	夫		天
없을 무	위 상	선비 사	고를 조	길들일 어	어른 장	사나이 부		하늘 천

인	사		불	세	존		위	무	량
人	師		佛	世	尊		爲	無	量
사람 인	스승 사		부처 불	세상 세	높을 존		할 위	없을 무	헤아릴 량

무	변		보	살	대	중		공	경
無	邊		菩	薩	大	衆		恭	敬
없을 무	가 변		보리 보	보살 살	큰 대	무리 중		공손할 공	공경할 경

위	요		이	위	설	법		석	가
圍	繞		而	爲	說	法		釋	迦
두를 위	두를 요		말이을 이	위할 위	말씀 설	법 법		풀 석	막을 가

명행족·선서·세간해·무상사·
조어장부·천인사·불세존이셨다.
그 부처님께서는 한량없고 끝없는 보살대중들에게
공경히 둘러싸여 계시며 그들을 위해 설법하고 계셨는데,

모	니	불		백	호	광	명		변
牟	尼	佛		白	毫	光	明		遍
소우는소리모	여승니	부처불		흰백	터럭호	빛광	밝을명		두루 편(변)

조	기	국		이	시		일	체	정
照	其	國		爾	時		一	切	淨
비출조	그기	나라국		그이	때시		한일	모두체	깨끗할정

광	장	엄	국	중		유	일	보	살
光	莊	嚴	國	中		有	一	菩	薩
빛광	꾸밀장	엄할엄	나라국	가운데중		있을유	한일	보리보	보살살

명	왈	묘	음		구	이	식	중	덕
名	曰	妙	音		久	已	植	衆	德
이름명	가로왈	묘할묘	소리음		오랠구	이미이	심을식	무리중	덕덕

본		공	양	친	근		무	량	백
本		供	養	親	近		無	量	百
근본본		이바지할공	기를양	친할친	가까울근		없을무	헤아릴량	일백백

석가모니 부처님의 백호에서 나온 찬란한 광명이
정광장엄세계에까지 환히 비추었다.
그때 정광장엄세계에 한 보살이 있었으니, 이름을 묘음보살이라 하였다.
그 보살은 아주 오래 전부터 많은 선근을 심었으며, 한량없는

천	만	억	제	불		이	실	성	취
千	萬	億	諸	佛		而	悉	成	就
일천 천	일만 만	억 억	모든 제	부처 불		말이을 이	다 실	이룰 성	이룰 취

심	심	지	혜		득	묘	당	상	삼
甚	深	智	慧		得	妙	幢	相	三
심할 심	깊을 심	슬기 지	지혜 혜		얻을 득	묘할 묘	기 당	모양 상	석 삼

매		법	화	삼	매		정	덕	삼
昧		法	華	三	昧		淨	德	三
어두울 매		법 법	꽃 화	석 삼	어두울 매		깨끗할 정	덕 덕	석 삼

매		수	왕	희	삼	매		무	연
昧		宿	王	戱	三	昧		無	緣
어두울 매		별자리 수	임금 왕	장난할 희	석 삼	어두울 매		없을 무	인연 연

삼	매		지	인	삼	매		해	일
三	昧		智	印	三	昧		解	一
석 삼	어두울 매		슬기 지	도장 인	석 삼	어두울 매		풀 해	한 일

백천만억 부처님들을 공양하고 가까이 모셨다.
그래서 깊은 지혜를 성취하였고,
묘당상삼매·법화삼매·정덕삼매·
수왕희삼매·무연삼매·지인삼매·

체	중	생	어	언	삼	매		집	일
切	衆	生	語	言	三	昧		集	一
모두 체	무리 중	날 생	말씀 어	말씀 언	석 삼	어두울 매		모을 집	한 일

체	공	덕	삼	매		청	정	삼	매
切	功	德	三	昧		淸	淨	三	昧
모두 체	공 공	덕 덕	석 삼	어두울 매		맑을 청	깨끗할 정	석 삼	어두울 매

신	통	유	희	삼	매		혜	거	삼
神	通	遊	戱	三	昧		慧	炬	三
신통할 신	통할 통	놀 유	장난할 희	석 삼	어두울 매		지혜 혜	횃불 거	석 삼

매		장	엄	왕	삼	매		정	광
昧		莊	嚴	王	三	昧		淨	光
어두울 매		꾸밀 장	엄할 엄	임금 왕	석 삼	어두울 매		깨끗할 정	빛 광

명	삼	매		정	장	삼	매		불
明	三	昧		淨	藏	三	昧		不
밝을 명	석 삼	어두울 매		깨끗할 정	감출 장	석 삼	어두울 매		아닐 불

해일체중생어언삼매 · 집일체공덕삼매 ·
청정삼매 · 신통유희삼매 ·
혜거삼매 · 장엄왕삼매 ·
정광명삼매 · 정장삼매 ·

공	삼	매		일	선	삼	매	득
共	三	昧		日	旋	三	昧	得
함께 공	석 삼	어두울 매		해 일	돌 선	석 삼	어두울 매	얻을 득

여	시	등		백	천	만	억	항
如	是	等		百	千	萬	億	恒
같을 여	이 시	무리 등		일백 백	일천 천	일만 만	억 억	항상 항

하	사	등		제	대	삼	매	석
河	沙	等		諸	大	三	昧	釋
물 하	모래 사	같을 등		모든 제	큰 대	석 삼	어두울 매	풀 석

가	모	니	불		광	조	기	신
迦	牟	尼	佛		光	照	其	身
막을 가	소우는소리 모	여승 니	부처 불		빛 광	비출 조	그 기	몸 신

즉	백	정	화	수	왕	지	불	언
卽	白	淨	華	宿	王	智	佛	言
곧 즉	사뢸 백	깨끗할 정	꽃 화	별자리 수	임금 왕	슬기 지	부처 불	말씀 언

불공삼매·일선삼매 등 이와 같이
백천만억 항하 모래알처럼 많은 큰 삼매들을 얻었다.
이윽고 석가모니 부처님의 광명이 묘음보살의 몸을 환히 비추자,
묘음보살이 곧 정화수왕지 부처님께 사뢰었다.

세	존		아	당	왕	예		사	바
世	尊		我	當	往	詣		娑	婆
세상 세	높을 존		나 아	마땅히 당	갈 왕	이를 예		춤출 사	할미 파(바)

세	계		예	배	친	근	공	양
世	界		禮	拜	親	近	供	養
세상 세	지경 계		예도 예	절 배	친할 친	가까울 근	이바지할 공	기를 양

석	가	모	니	불		급	견	문	수
釋	迦	牟	尼	佛		及	見	文	殊
풀 석	막을 가	소우는소리 모	여승 니	부처 불		및 급	볼 견	글월 문	뛰어날 수

사	리		법	왕	자	보	살		약
師	利		法	王	子	菩	薩		藥
스승 사	이로울 리		법 법	임금 왕	아들 자	보리 보	보살 살		약 약

왕	보	살		용	시	보	살		수
王	菩	薩		勇	施	菩	薩		宿
임금 왕	보리 보	보살 살		날쌜 용	베풀 시	보리 보	보살 살		별자리 수

"세존이시여!
제가 마땅히 사바세계로 가서 석가모니 부처님께
예배드리고 가까이 모시며 공양드려야겠습니다.
그리고 문수사리 법왕자보살·약왕보살·용시보살·

왕	화	보	살		상	행	의	보	살
王	華	菩	薩		上	行	意	菩	薩
임금 왕	꽃 화	보리 보	보살 살		위 상	행할 행	뜻 의	보리 보	보살 살

장	엄	왕	보	살		약	상	보	살
莊	嚴	王	菩	薩		藥	上	菩	薩
꾸밀 장	엄할 엄	임금 왕	보리 보	보살 살		약 약	위 상	보리 보	보살 살

이	시		정	화	수	왕	지	불
爾	時		淨	華	宿	王	智	佛
그 이	때 시		깨끗할 정	꽃 화	별자리 수	임금 왕	슬기 지	부처 불

고	묘	음	보	살		여	막	경	피
告	妙	音	菩	薩		汝	莫	輕	彼
알릴 고	묘할 묘	소리 음	보리 보	보살 살		너 여	말 막	가벼울 경	저 피

국		생	하	열	상		선	남	자
國		生	下	劣	想		善	男	子
나라 국		날 생	아래 하	용렬할 열	생각 상		착할 선	사내 남	아들 자

수왕화보살·상행의보살·장엄왕보살·약상보살을 만나봐야겠습니다."
그때 정화수왕지 부처님께서 묘음보살에게 이르시었다.
"그대는 혹시라도 사바세계를 가벼이 업신여겨
하열하게 생각해서는 안 되느니라. 선남자여!

피	사	바	세	계		고	하	불	평
彼	娑	婆	世	界		高	下	不	平
저피	춤출사	할미 파(바)	세상세	지경계		높을고	아래하	아닐불	평평할평

토	석	제	산		예	악	충	만	
土	石	諸	山		穢	惡	充	滿	
흙토	돌석	모든제	뫼산		더러울예	악할악	찰충	찰만	

불	신	비	소		제	보	살	중	
佛	身	卑	小		諸	菩	薩	衆	
부처불	몸신	낮을비	작을소		모든제	보리보	보살살	무리중	

기	형	역	소		이	여	신		사
其	形	亦	小		而	汝	身		四
그기	모양형	또역	작을소		말이을이	너여	몸신		넉사

만	이	천	유	순		아	신		육
萬	二	千	由	旬		我	身		六
일만만	두이	일천천	유순유	유순순		나아	몸신		여섯육

사실 저 사바세계는 높낮이가 있어 평탄치 못하고,
흙과 돌로 된 여러 산들과 더러운 분뇨들로 가득 차 있느니라.
게다가 부처님 몸도 작고, 여러 보살들도 그 형상이 왜소하니라.
그런데 그대의 몸은 사만이천 유순이나 되며, 나의 몸도

백	팔	십	만	유	순		여	신	
百	八	十	萬	由	旬		汝	身	
일백 백	여덟 팔	열 십	일만 만	유순 유	유순 순		너 여	몸 신	

제	일	단	정		백	천	만	복	
第	一	端	正		百	千	萬	福	
차례 제	한 일	단정할 단	바를 정		일백 백	일천 천	일만 만	복 복	

광	명	수	묘		시	고	여	왕	
光	明	殊	妙		是	故	汝	往	
빛 광	밝을 명	뛰어날 수	묘할 묘		이 시	연고 고	너 여	갈 왕	

막	경	피	국		약	불	보	살	
莫	輕	彼	國		若	佛	菩	薩	
말 막	가벼울 경	저 피	나라 국		만약 약	부처 불	보리 보	보살 살	

급	국	토			생	하	열	상	묘
及	國	土			生	下	劣	想	妙
및 급	나라 국	흙 토			날 생	아래 하	용렬할 열	생각 상	묘할 묘

> 무려 육백팔십만 유순이나 되느니라. 또한 그대의 몸은 단정하기가 으뜸인 데다,
> 백천만 가지의 복덕과 광명으로 뛰어나게 훌륭하도다.
> 그렇더라도 그대는 거기 가서 사바세계를 형편없다고 여기며,
> 행여 부처님이나 보살들 그리고 국토에 대하여 하열하게 생각해서는 절대로 안 되느니라."

음	보	살		백	기	불	언		세
音	菩	薩		白	其	佛	言		世
소리 음	보리 보	보살 살		사뢸 백	그 기	부처 불	말씀 언		세상 세

존		아	금	예		사	바	세	계
尊		我	今	詣		娑	婆	世	界
높을 존		나 아	이제 금	이를 예		춤출 사	할미 파(바)	세상 세	지경 계

개	시	여	래	지	력		여	래	신
皆	是	如	來	之	力		如	來	神
다 개	이 시	같을 여	올 래	어조사 지	힘 력		같을 여	올 래	신통할 신

통	유	희		여	래	공	덕		지
通	遊	戲		如	來	功	德		智
통할 통	놀 유	장난할 희		같을 여	올 래	공 공	덕 덕		슬기 지

혜	장	엄		어	시		묘	음	보
慧	莊	嚴		於	是		妙	音	菩
지혜 혜	꾸밀 장	엄할 엄		어조사 어	이 시		묘할 묘	소리 음	보리 보

묘음보살이 정화수왕지 부처님께 사뢰었다.
"세존이시여! 제가 지금 사바세계에 가는 것은 모두 여래의 위신력 덕분이옵니다.
또 여래의 신통력으로 유희하여 다니는 것이고, 여래의 공덕과 지혜로 장엄하여 가는 것이옵니다."
이윽고 묘음보살은

살		불	기	우	좌		신	부	동
薩		不	起	于	座		身	不	動
보살 살		아닐 불	일어날 기	어조사 우	자리 좌		몸 신	아닐 부	움직일 동

요		이	입	삼	매		이	삼	매
搖		而	入	三	昧		以	三	昧
흔들릴 요		말이을 이	들 입	석 삼	어두울 매		써 이	석 삼	어두울 매

력		어	기	사	굴	산		거	법
力		於	耆	闍	崛	山		去	法
힘 력		어조사 어	늙은이 기	화장할 사	우뚝솟을 굴	뫼 산		갈 거	법 법

좌	불	원		화	작	팔	만	사	천
座	不	遠		化	作	八	萬	四	千
자리 좌	아닐 불	멀 원		화할 화	지을 작	여덟 팔	일만 만	넉 사	일천 천

중	보	련	화		염	부	단	금	위
衆	寶	蓮	華		閻	浮	檀	金	爲
무리 중	보배 보	연꽃 련	꽃 화		마을 염	뜰 부	단향목 단	쇠 금	할 위

그 자리에서 일어나지 않고 몸을 움직이지 않은 채 삼매에 들어갔다.
삼매의 힘으로써 영취산의 부처님 법좌 앞에다
팔만사천 송이의 온갖 보배연꽃을 피웠다.
그 꽃의 줄기는 염부단금이며

경		백	은	위	엽		금	강	위
莖		白	銀	爲	葉		金	剛	爲
줄기 경		흰 백	은 은	할 위	잎 엽		쇠 금	굳셀 강	할 위

수		견	숙	가	보		이	위	기
鬚		甄	叔	迦	寶		以	爲	其
수염 수		질그릇 견	아재비 숙	막을 가	보배 보		써 이	할 위	그 기

대		이	시		문	수	사	리	법
臺		爾	時		文	殊	師	利	法
돈대 대		그 이	때 시		글월 문	뛰어날 수	스승 사	이로울 리	법 법

왕	자		견	시	연	화		이	백
王	子		見	是	蓮	華		而	白
임금 왕	아들 자		볼 견	이 시	연꽃 연	꽃 화		말이을 이	사뢸 백

불	언		세	존		시	하	인	연
佛	言		世	尊		是	何	因	緣
부처 불	말씀 언		세상 세	높을 존		이 시	어찌 하	인할 인	인연 연

꽃잎은 백은이고, 꽃술은 다이아몬드이며 연심은 견숙가보석으로 된 연꽃이었다.
그때 문수사리 법왕자 보살이
그 빛나는 연꽃들을 보고 부처님께 사뢰었다.
"세존이시여, 대체 무슨 인연으로

선	현	차	서		유	약	간	천	만
先	現	此	瑞		有	若	干	千	萬
먼저 선	나타날 현	이 차	상서 서		있을 유	같을 약	방패 간	일천 천	일만 만

연	화		염	부	단	금	위	경	
蓮	華		閻	浮	檀	金	爲	莖	
연꽃 연	꽃 화		마을 염	뜰 부	단향목 단	쇠 금	할 위	줄기 경	

백	은	위	엽		금	강	위	수	
白	銀	爲	葉		金	剛	爲	鬚	
흰 백	은 은	할 위	잎 엽		쇠 금	굳셀 강	할 위	수염 수	

견	숙	가	보		이	위	기	대	
甄	叔	迦	寶		以	爲	其	臺	
질그릇 견	아재비 숙	막을 가	보배 보		써 이	할 위	그 기	돈대 대	

이	시		석	가	모	니	불		고
爾	時		釋	迦	牟	尼	佛		告
그 이	때 시		풀 석	막을 가	소우는소리 모	여승 니	부처 불		알릴 고

이런 상서가 먼저 나타나는 것이옵니까?
수없이 많은 천만 송이의 연꽃들이 줄기는 염부단금이고 꽃잎은 백은이며,
게다가 꽃술은 다이아몬드요 연심은 견숙가보석으로 너무나 황홀하게 피었나이다!"
그때 석가모니 부처님께서

문	수	사	리		시	묘	음	보	살
文	殊	師	利		是	妙	音	菩	薩
글월 문	뛰어날 수	스승 사	이로울 리		이 시	묘할 묘	소리 음	보리 보	보살 살

마	하	살		욕	종	정	화	수	왕
摩	訶	薩		欲	從	淨	華	宿	王
갈 마	꾸짖을 가(하)	보살 살		하고자할 욕	좇을 종	깨끗할 정	꽃 화	별자리 수	임금 왕

지	불	국		여	팔	만	사	천
智	佛	國		與	八	萬	四	千
슬기 지	부처 불	나라 국		더불어 여	여덟 팔	일만 만	넉 사	일천 천

보	살	위	요		이	래	지	차
菩	薩	圍	繞		而	來	至	此
보리 보	보살 살	두를 위	두를 요		말이을 이	올 래	이를 지	이 차

사	바	세	계		공	양	친	근
娑	婆	世	界		供	養	親	近
춤출 사	할미 파(바)	세상 세	지경 계		이바지할 공	기를 양	친할 친	가까울 근

문수사리보살에게 이르시었다.
"바로 묘음 보살마하살이 팔만사천 보살들에게 둘러싸여
정화수왕지 부처님 세계로부터 사바세계로 와서,
나를 공양하고 가까이 섬기며

예	배	어	아		역	욕	공	양
禮	拜	於	我		亦	欲	供	養
예도 예	절 배	어조사 어	나 아		또 역	하고자할 욕	이바지할 공	기를 양

청	법	화	경		문	수	사	리
聽	法	華	經		文	殊	師	利
들을 청	법 법	꽃 화	경 경		글월 문	뛰어날 수	스승 사	이로울 리

백	불	언		세	존	시	보	살
白	佛	言		世	尊	是	菩	薩
사뢸 백	부처 불	말씀 언		세상 세	높을 존	이 시	보리 보	보살 살

종	하	선	본		수	하	공	덕
種	何	善	本		修	何	功	德
심을 종	어찌 하	착할 선	근본 본		닦을 수	어찌 하	공 공	덕 덕

이	능	유	시		대	신	통	력
而	能	有	是		大	神	通	力
말이을 이	능할 능	있을 유	이 시		큰 대	신통할 신	통할 통	힘 력

예배하려는 것이니라. 또한 법화경에도 공양하고 직접 들으려는 것이니라."
문수사리보살이 부처님께 사뢰었다.
"세존이시여! 그 보살은 어떤 선근을 심었으며
어떤 공덕을 닦았기에, 저런 큰 신통력을 갖춘 것입니까?

행	하	삼	매		원	위	아	등
行	何	三	昧		願	爲	我	等
행할 행	어찌 하	석 삼	어두울 매		원할 원	위할 위	나 아	무리 등

설	시	삼	매	명	자		아	등
說	是	三	昧	名	字		我	等
말씀 설	이 시	석 삼	어두울 매	이름 명	글자 자		나 아	무리 등

역	욕	근	수	행	지		행	차	삼
亦	欲	勤	修	行	之		行	此	三
또 역	하고자할 욕	부지런할 근	닦을 수	행할 행	어조사 지		행할 행	이 차	석 삼

매		내	능	견	시	보	살		색
昧		乃	能	見	是	菩	薩		色
어두울 매		이에 내	능할 능	볼 견	이 시	보리 보	보살 살		빛 색

상	대	소		위	의	진	지		유
相	大	小		威	儀	進	止		唯
모양 상	큰 대	작을 소		위엄 위	거동 의	나아갈 진	그칠 지		오직 유

도대체 어떤 삼매를 수행하였나이까? 부디 저희들을 위하여
그 삼매의 이름을 말씀해 주시옵소서! 저희들도 또한 그 삼매를
부지런히 수행하고자 하오니, 그 삼매를 닦아야만 그 보살의 형상·모습·
크기·위엄 있는 행동거지 등을 사실 그대로 볼 수 있지 않겠습니까?

원	세	존		이	신	통	력		피
願	世	尊		以	神	通	力		彼
원할 원	세상 세	높을 존		써 이	신통할 신	통할 통	힘 력		저 피

보	살	래		영	아	득	견		이
菩	薩	來		令	我	得	見		爾
보리 보	보살 살	올 래		하여금 영	나 아	얻을 득	볼 견		그 이

시		석	가	모	니	불		고	문
時		釋	迦	牟	尼	佛		告	文
때 시		풀 석	막을 가	소우는소리모	여승 니	부처 불		알릴 고	글월 문

수	사	리		차	구	멸	도		다
殊	師	利		此	久	滅	度		多
뛰어날 수	스승 사	이로울 리		이 차	오랠 구	멸할 멸	건널 도		많을 다

보	여	래		당	위	여	등		이
寶	如	來		當	爲	汝	等		而
보배 보	같을 여	올 래		마땅히 당	위할 위	너 여	무리 등		말이을 이

오직 원하옵건대 세존이시여, 신통력으로써 그 보살을 오게 하시어
저희들로 하여금 보게 해주시옵소서!"
그때 석가모니 부처님께서 문수사리보살에게 이르시었다.
"여기 오래 전에 열반하셨던 다보여래께서 마땅히 그대들을 위하여

현	기	상		시		다	보	불
現	其	相		時		多	寶	佛
나타날 현	그 기	모양 상		때 시		많을 다	보배 보	부처 불

고	피	보	살		선	남	자	래
告	彼	菩	薩		善	男	子	來
알릴 고	저 피	보리 보	보살 살		착할 선	사내 남	아들 자	올 래

문	수	사	리	법	왕	자		욕	견
文	殊	師	利	法	王	子		欲	見
글월 문	뛰어날 수	스승 사	이로울 리	법 법	임금 왕	아들 자		하고자할 욕	볼 견

여	신		우	시		묘	음	보	살
汝	身		于	時		妙	音	菩	薩
너 여	몸 신		어조사 우	때 시		묘할 묘	소리 음	보리 보	보살 살

어	피	국	몰		여	팔	만	사	천
於	彼	國	沒		與	八	萬	四	千
어조사 어	저 피	나라 국	없어질 몰		더불어 여	여덟 팔	일만 만	넉 사	일천 천

묘음보살의 모습을 보게 해주시리라."
그러자 다보 부처님께서 묘음보살에게 이르시었다.
"선남자여, 어서 오너라! 문수사리 법왕자가 그대를 만나보고 싶다 하는구나."
동시에 묘음보살이 정광장엄세계를 떠나 팔만사천 보살들과 함께

보	살		구	공	발	래		소	경
菩	薩		俱	共	發	來		所	經
보리 보	보살 살		함께 구	함께 공	필 발	올 래		바 소	지날 경

제	국		육	종	진	동		개	실
諸	國		六	種	震	動		皆	悉
모든 제	나라 국		여섯 육	종류 종	진동할 진	움직일 동		다 개	다 실

우	어	칠	보	연	화		백	천	천
雨	於	七	寶	蓮	華		百	千	天
비 우	어조사 어	일곱 칠	보배 보	연꽃 연	꽃 화		일백 백	일천 천	하늘 천

악		불	고	자	명		시	보	살
樂		不	鼓	自	鳴		是	菩	薩
풍류 악		아닐 불	칠 고	스스로 자	울 명		이 시	보리 보	보살 살

목	여	광	대		청	련	화	엽
目	如	廣	大		青	蓮	華	葉
눈 목	같을 여	넓을 광	큰 대		푸를 청	연꽃 련	꽃 화	잎 엽

사바세계로 오는데, 지나치는 세계들이 전부 여섯 가지로 진동하며 움직였다.
게다가 그 모든 세계들마다 칠보로 된 찬란한 연꽃송이들이 꽃비가 되어 하염없이 흩날렸으며,
백천 가지나 되는 하늘악기들이 치지 않았는데도 저절로 울려 퍼졌다.
묘음보살은 커다란 푸른 연꽃잎 같은 눈에다

정	사	화	합		백	천	만	월
正	使	和	合		百	千	萬	月
가령 정	가령 사	합할 화	합할 합		일백 백	일천 천	일만 만	달 월

기	면	모	단	정	부	과	어	차
其	面	貌	端	正	復	過	於	此
그 기	낯 면	얼굴 모	단정할 단	바를 정	다시 부	지날 과	어조사 어	이 차

신	진	금	색		무	량	백	천
身	眞	金	色		無	量	百	千
몸 신	참 진	쇠 금	빛 색		없을 무	헤아릴 량	일백 백	일천 천

공	덕	장	엄		위	덕	치	성
功	德	莊	嚴		威	德	熾	盛
공 공	덕 덕	꾸밀 장	엄할 엄		위엄 위	덕 덕	성할 치	성할 성

광	명	조	요		제	상	구	족
光	明	照	曜		諸	相	具	足
빛 광	밝을 명	비출 조	빛날 요		모든 제	모양 상	갖출 구	족할 족

백천만 개의 달을 합친 것보다 더 환하고 단정한 얼굴을 하고 있었다.
몸은 순금의 황금색에 한량없는 백천 가지 공덕으로 장엄되었고,
위엄과 덕은 하늘을 찌를 듯이 높았으며 광명으로 찬란했다.
이렇게 모든 상호가 구족하여

여	나	라	연		견	고	지	신
如	那	羅	延		堅	固	之	身
같을 여	어찌 나	새그물 라	끌 연		굳을 견	굳을 고	어조사 지	몸 신

입	칠	보	대		상	승	허	공
入	七	寶	臺		上	昇	虛	空
들 입	일곱 칠	보배 보	돈대 대		위 상	오를 승	빌 허	빌 공

거	지	칠	다	라	수		제	보	살
去	地	七	多	羅	樹		諸	菩	薩
갈 거	땅 지	일곱 칠	많을 다	새그물 라	나무 수		모든 제	보리 보	보살 살

중		공	경	위	요		이	래	예
衆		恭	敬	圍	繞		而	來	詣
무리 중		공손할 공	공경할 경	두를 위	두를 요		말이을 이	올 래	이를 예

차		사	바	세	계		기	사	굴
此		娑	婆	世	界		耆	闍	崛
이 차		춤출 사	할미 파(바)	세상 세	지경 계		늙은이 기	화장할 사	우뚝솟을 굴

마치 나라연의 견고한 몸과도 같았다.
묘음보살이 칠보로 만든 좌대에 올라 허공으로 솟구치니,
땅과의 거리가 자그마치 다라수 나무의 일곱 배나 되었다.
묘음보살은 모든 보살들에게 공손히 둘러싸인 채 사바세계의 영취산에 이르렀다.

산		도	이		하	칠	보	대	
山		到	已		下	七	寶	臺	
뫼 산		이를 도	마칠 이		내릴 하	일곱 칠	보배 보	돈대 대	

이	가	치	백	천	영	락		지	지
以	價	直	百	千	瓔	珞		持	至
써 이	값 가	값 치	일백 백	일천 천	구슬목걸이 영	구슬목걸이 락		가질 지	이를 지

석	가	모	니	불	소		두	면	예
釋	迦	牟	尼	佛	所		頭	面	禮
풀 석	막을 가	소우는소리 모	여승 니	부처 불	곳 소		머리 두	낯 면	예도 예

족		봉	상	영	락		이	백	불
足		奉	上	瓔	珞		而	白	佛
발 족		받들 봉	올릴 상	구슬목걸이 영	구슬목걸이 락		말이을 이	사뢸 백	부처 불

언		세	존		정	화	수	왕	지
言		世	尊		淨	華	宿	王	智
말씀 언		세상 세	높을 존		깨끗할 정	꽃 화	별자리 수	임금 왕	슬기 지

도착해서는 칠보로 된 좌대에서 내리어, 값이 백천만 냥이나 되는
보배영락을 가지고 석가모니 부처님 계신 곳으로 나아갔다.
그리고 머리를 숙여 부처님 발에 절하며 영락을 받들어 올리고는 부처님께 사뢰었다.
"세존이시여! 정화수왕지 부처님께서

불		문	신	세	존		소	병	소
佛		問	訊	世	尊		少	病	少
부처불		물을문	물을신	세상세	높을존		적을소	병들병	적을소

뇌		기	거	경	리		안	락	행
惱		起	居	輕	利		安	樂	行
괴로워할뇌		일어날기	살거	가벼울경	이로울리		편안할안	즐길락	행할행

부		사	대	조	화	부		세	사
不		四	大	調	和	不		世	事
아닐부		넉사	큰대	고를조	화평할화	아닐부		세상세	일사

가	인	부		중	생	이	도	부
可	忍	不		衆	生	易	度	不
가히가	참을인	아닐부		무리중	날생	쉬울이	건널도	아닐부

무	다	탐	욕		진	에	우	치
無	多	貪	欲		瞋	恚	愚	癡
없을무	많을다	탐할탐	욕심욕		성낼진	성낼에	어리석을우	어리석을치

석가세존께 문안하시기를,
'병도 없고 걱정도 없으시며, 기거하시는데 편안하고 안락하게 지내시옵니까?
사대는 고르고 화평하십니까? 세상일은 견딜 만하시옵니까?
중생들은 잘 제도되는지요? 혹 탐욕·성냄·어리석음과

질	투	간	만	부		무	불	효	부
嫉	妬	慳	慢	不		無	不	孝	父
투기할 질	투기할 투	아낄 간	거만할 만	아닐 부		없을 무	아닐 불	효도 효	아비 부
모		불	경	사	문		사	견	불
母		不	敬	沙	門		邪	見	不
어미 모		아닐 불	공경할 경	모래 사	문 문		간사할 사	볼 견	아닐 불
선	심	부		섭	오	정	부		세
善	心	不		攝	五	情	不		世
착할 선	마음 심	아닐 부		거둘 섭	다섯 오	뜻 정	아닐 부		세상 세
존		중	생		능	항	복	제	마
尊		衆	生		能	降	伏	諸	魔
높을 존		무리 중	날 생		능할 능	항복할 항	엎드릴 복	모든 제	마귀 마
원	부		구	멸	도		다	보	여
怨	不		久	滅	度		多	寶	如
원수 원	아닐 부		오랠 구	멸할 멸	건널 도		많을 다	보배 보	같을 여

질투와 인색함 또는 교만함에 들끓지는 않습니까? 부모에게 불효하고
사문을 공경하지 않는다거나, 삿된 소견이나 나쁜 마음을 내는 이는 없습니까?
그리고 다섯 가지 욕정을 잘 거두어들입니까? 게다가 세존이시여, 중생들이 능히
모든 마군과 원적들을 항복시킬 수 있습니까? 또 오래 전에 열반하신 다보여래께서는

래		재	칠	보	탑	중		내	청
來		在	七	寶	塔	中		來	聽
올 래		있을 재	일곱 칠	보배 보	탑 탑	가운데 중		올 내	들을 청

법	부		우	문	신	다	보	여	래
法	不		又	問	訊	多	寶	如	來
법 법	아닐 부		또 우	물을 문	물을 신	많을 다	보배 보	같을 여	올 래

안	은	소	뇌		감	인	구	주	부
安	隱	少	惱		堪	忍	久	住	不
편안할 안	편안할 은	적을 소	괴로워할 뇌		견딜 감	참을 인	오랠 구	머물 주	아닐 부

세	존		아	금	욕	견		다	보
世	尊		我	今	欲	見		多	寶
세상 세	높을 존		나 아	이제 금	하고자할 욕	볼 견		많을 다	보배 보

불	신		유	원	세	존		시	아
佛	身		唯	願	世	尊		示	我
부처 불	몸 신		오직 유	원할 원	세상 세	높을 존		보일 시	나 아

칠보탑 속에 계시면서, 정말 법을 듣기 위해 오십니까?'
또 정화수왕지 부처님께서 다보여래께도 안부를 여쭈셨나이다.
'불편하지 않고 편안하시며 혹 근심거리는 없으십니까? 사바세계에 오래 머무셔도 괜찮으십니까?'
세존이시여, 저는 지금 몹시 다보 부처님이 뵙고 싶습니다. 세존이시여, 부디 저로 하여금

영	견		이	시		석	가	모	니
令	見		爾	時		釋	迦	牟	尼
하여금 영	볼 견		그 이	때 시		풀 석	막을 가	소우는소리모	여승 니

불		어	다	보	불		시	묘	음
佛		語	多	寶	佛		是	妙	音
부처 불		말씀 어	많을 다	보배 보	부처 불		이 시	묘할 묘	소리 음

보	살		욕	득	상	견		시	
菩	薩		欲	得	相	見		時	
보리 보	보살 살		하고자할욕	얻을 득	서로 상	볼 견		때 시	

다	보	불		고	묘	음	언		선
多	寶	佛		告	妙	音	言		善
많을 다	보배 보	부처 불		알릴 고	묘할 묘	소리 음	말씀 언		착할 선

재	선	재		여	능	위	공	양	
哉	善	哉		汝	能	爲	供	養	
어조사 재	착할 선	어조사 재		너 여	능할 능	위할 위	이바지할공	기를 양	

다보 부처님을 뵈올 수 있도록 해 주시옵소서!"
그때 석가모니 부처님께서 다보 부처님께 말씀하셨다.
"이 묘음보살이 다보 부처님을 뵙고 싶다 하는군요."
그러자 다보 부처님께서 묘음보살에게 이르시었다. "훌륭하고, 훌륭하도다! 그대가 능히

석	가	모	니	불		급	청	법	화
釋	迦	牟	尼	佛		及	聽	法	華
풀 석	막을 가	소우는소리 모	여승 니	부처 불		및 급	들을 청	법 법	꽃 화

경		병	견	문	수	사	리	등
經		幷	見	文	殊	師	利	等
경 경		아우를 병	볼 견	글월 문	뛰어날 수	스승 사	이로울 리	무리 등

고	래	지	차		이	시		화	덕
故	來	至	此		爾	時		華	德
연고 고	올 래	이를 지	이 차		그 이	때 시		꽃 화	덕 덕

보	살		백	불	언		세	존
菩	薩		白	佛	言		世	尊
보리 보	보살 살		사뢸 백	부처 불	말씀 언		세상 세	높을 존

시	묘	음	보	살		종	하	선	근
是	妙	音	菩	薩		種	何	善	根
이 시	묘할 묘	소리 음	보리 보	보살 살		심을 종	어찌 하	착할 선	뿌리 근

석가모니 부처님께 공양하고 법화경을 들으며,
문수사리보살 등을 보기 위해 일부러 이곳까지 오다니 참으로 장하도다!"
그때 화덕보살이 석가모니 부처님께 사뢰었다.
"세존이시여! 이 묘음보살은 도대체 어떤 선근을 심었으며,

수	하	공	덕		유	시	신	력
修	何	功	德		有	是	神	力
닦을 수	어찌 하	공 공	덕 덕		있을 유	이 시	신통할 신	힘 력

불	고	화	덕	보	살	과	거	유
佛	告	華	德	菩	薩	過	去	有
부처 불	알릴 고	꽃 화	덕 덕	보리 보	보살 살	지날 과	갈 거	있을 유

불		명	운	뢰	음	왕	다	타
佛		名	雲	雷	音	王	多	陀
부처 불		이름 명	구름 운	우레 뢰	소리 음	임금 왕	많을 다	비탈질 타

아	가	도		아	라	하	삼	먁
阿	伽	度		阿	羅	訶	三	藐
언덕 아	절 가	건널 도		언덕 아	새그물 라	꾸짖을 가(하)	석 삼	아득할 막(먁)

삼	불	타	국	명	현	일	체	세
三	佛	陀	國	名	現	一	切	世
석 삼	부처 불	비탈질 타	나라 국	이름 명	나타날 현	한 일	모두 체	세상 세

어떤 공덕을 닦았기에 이러한 신통력을 갖추게 된 것입니까?"
부처님께서 화덕보살에게 이르시었다.
"과거에 어느 부처님께서 계셨으니, 부처님 이름은 운뢰음왕 다타아가도(여래)·
아라하(응공)·삼먁삼불타(정변지)이셨느니라. 세계의 이름은 현일체세간이었으며,

간		겁	명	희	견		묘	음	보
間		劫	名	喜	見		妙	音	菩
사이 간		겁 겁	이름 명	기쁠 희	볼 견		묘할 묘	소리 음	보리 보

살		어	만	이	천	세		이	십
薩		於	萬	二	千	歲		以	十
보살 살		어조사 어	일만 만	두 이	일천 천	해 세		써 이	열 십

만	종	기	악		공	양	운	뢰	음
萬	種	伎	樂		供	養	雲	雷	音
일만 만	종류 종	재주 기	풍류 악		이바지할 공	기를 양	구름 운	우레 뢰	소리 음

왕	불		병	봉	상		팔	만	사
王	佛		幷	奉	上		八	萬	四
임금 왕	부처 불		아우를 병	받들 봉	올릴 상		여덟 팔	일만 만	넉 사

천		칠	보	발		이	시	인	연
千		七	寶	鉢		以	是	因	緣
일천 천		일곱 칠	보배 보	바리때 발		써 이	이 시	인할 인	인연 연

시대의 이름은 희견이었느니라.
묘음보살은 만이천 년 동안이나 십만 가지의 각종 악기들을 가지고 연주하여
운뢰음왕 부처님께 공양하였고, 아울러 칠보로 된 팔만사천 개의 발우를
공손히 공양 올렸느니라. 그 인연의

과	보		금	생	정	화	수	왕	지
果	報		今	生	淨	華	宿	王	智
실과 과	갚을 보		이제 금	날 생	깨끗할 정	꽃 화	별자리 수	임금 왕	슬기 지
불	국		유	시	신	력		화	덕
佛	國		有	是	神	力		華	德
부처 불	나라 국		있을 유	이 시	신통할 신	힘 력		꽃 화	덕 덕
어	여	의	운	하		이	시		운
於	汝	意	云	何		爾	時		雲
어조사 어	너 여	뜻 의	이를 운	어찌 하		그 이	때 시		구름 운
뢰	음	왕	불	소		묘	음	보	살
雷	音	王	佛	所		妙	音	菩	薩
우레 뢰	소리 음	임금 왕	부처 불	곳 소		묘할 묘	소리 음	보리 보	보살 살
기	악	공	양		봉	상	보	기	자
伎	樂	供	養		奉	上	寶	器	者
재주 기	풍류 악	이바지할 공	기를 양		받들 봉	올릴 상	보배 보	그릇 기	놈 자

과보로써 지금 정화수왕지 부처님 세계에 태어나서 이러한 신통력을 갖추게 되었느니라.
화덕보살이여, 그대는 어떻게 생각하는가?
그때 운뢰음왕 부처님 처소에서 악기를 연주해 공양하고
보배발우를 공손히 올렸던 묘음보살이

기	이	인	호		금	차	묘	음	보
豈	異	人	乎		今	此	妙	音	菩
어찌 기	다를 이	사람 인	어조사 호		이제 금	이 차	묘할 묘	소리 음	보리 보

살	마	하	살	시		화	덕		시
薩	摩	訶	薩	是		華	德		是
보살 살	갈 마	꾸짖을 가(하)	보살 살	이 시		꽃 화	덕 덕		이 시

묘	음	보	살		이	증	공	양	친
妙	音	菩	薩		已	曾	供	養	親
묘할 묘	소리 음	보리 보	보살 살		이미 이	일찍 증	이바지할 공	기를 양	친할 친

근		무	량	제	불		구	식	덕
近		無	量	諸	佛		久	植	德
가까울 근		없을 무	헤아릴 량	모든 제	부처 불		오랠 구	심을 식	덕 덕

본		우	치	항	하	사	등		백
本		又	値	恒	河	沙	等		百
근본 본		또 우	만날 치	항상 항	물 하	모래 사	같을 등		일백 백

어찌 다른 사람이겠는가? 지금의 묘음보살마하살이 바로 그 보살이었느니라.
화덕보살이여!
이 묘음보살은 일찍이 한량없는 모든 부처님들을 공양하였고 가까이 모셨느니라.
그래서 오랫동안 복덕의 근본을 심었으며, 또 항하의 모래알처럼 무수히 많은

천	만	억		나	유	타	불		화
千	萬	億		那	由	他	佛		華
일천 천	일만 만	억 억		어찌 나	말미암을 유	다를 타	부처 불		꽃 화

덕		여	단	견	묘	음	보	살
德		汝	但	見	妙	音	菩	薩
덕 덕		너 여	다만 단	볼 견	묘할 묘	소리 음	보리 보	보살 살

기	신	재	차		이	시	보	살
其	身	在	此		而	是	菩	薩
그 기	몸 신	있을 재	이 차		말이을 이	이 시	보리 보	보살 살

현	종	종	신		처	처		위	제
現	種	種	身		處	處		爲	諸
나타날 현	종류 종	종류 종	몸 신		곳 처	곳 처		위할 위	모든 제

중	생		설	시	경	전		혹	현
衆	生		說	是	經	典		或	現
무리 중	날 생		말씀 설	이 시	경 경	법 전		혹 혹	나타날 현

백천만억 나유타 부처님들을 친견하였느니라. 화덕보살이여!
그대는 다만 묘음보살의 몸이 여기에 있는 줄로만 생각하겠지만,
사실은 갖가지 몸을 나타내며 곳곳에서 많은 중생들을 위하여
이 경전을 설하고 있느니라. 그리하여 혹 어떤 때는

범	왕	신		혹	현	제	석	신	
梵	王	身		或	現	帝	釋	身	
하늘 범	임금 왕	몸 신		혹 혹	나타날 현	임금 제	풀 석	몸 신	

혹	현	자	재	천	신		혹	현	대
或	現	自	在	天	身		或	現	大
혹 혹	나타날 현	스스로 자	있을 재	하늘 천	몸 신		혹 혹	나타날 현	큰 대

자	재	천	신		혹	현	천	대	장
自	在	天	身		或	現	天	大	將
스스로 자	있을 재	하늘 천	몸 신		혹 혹	나타날 현	하늘 천	큰 대	장수 장

군	신		혹	현	비	사	문	천	왕
軍	身		或	現	毘	沙	門	天	王
군사 군	몸 신		혹 혹	나타날 현	도울 비	모래 사	문 문	하늘 천	임금 왕

신		혹	현	전	륜	성	왕	신	
身		或	現	轉	輪	聖	王	身	
몸 신		혹 혹	나타날 현	구를 전	바퀴 륜	성인 성	임금 왕	몸 신	

범천왕의 몸이나 제석천왕의 몸을 나타내며,
자재천왕이나 대자재천왕의 몸을 나타내느니라.
혹은 천대장군·비사문천왕·
전륜성왕의 몸을 나타내기도 하고,

혹	현	제	소	왕	신		혹	현	장
或	現	諸	小	王	身		或	現	長
혹혹	나타날 현	모든 제	작을 소	임금 왕	몸 신		혹혹	나타날 현	어른 장

자	신		혹	현	거	사	신		혹
者	身		或	現	居	士	身		或
놈 자	몸 신		혹혹	나타날 현	살 거	선비 사	몸 신		혹혹

현	재	관	신		혹	현	바	라	문
現	宰	官	身		或	現	婆	羅	門
나타날 현	재상 재	벼슬 관	몸 신		혹혹	나타날 현	할미 파(바)	새그물 라	문 문

신		혹	현	비	구	비	구	니
身		或	現	比	丘	比	丘	尼
몸 신		혹혹	나타날 현	견줄 비	언덕 구	견줄 비	언덕 구	여승 니

우	바	새	우	바	이	신		혹	현
優	婆	塞	優	婆	夷	身		或	現
넉넉할 우	할미 파(바)	변방 새	넉넉할 우	할미 파(바)	오랑캐 이	몸 신		혹혹	나타날 현

여러 작은 왕들의 몸을 나타내기도 하느니라.
혹은 장자나 거사·재상·
바라문의 몸을 나타내며, 때로는
비구·비구니·우바새·우바이의 몸을 나타내느니라.

장	자	거	사	부	녀	신		혹	현
長	者	居	士	婦	女	身		或	現
어른장	놈자	살거	선비사	아내부	여자녀	몸신		혹혹	나타날현

재	관	부	녀	신		혹	현	바	라
宰	官	婦	女	身		或	現	婆	羅
재상재	벼슬관	아내부	여자녀	몸신		혹혹	나타날현	할미 파(바)	새그물 라

문	부	녀	신		혹	현	동	남	동
門	婦	女	身		或	現	童	男	童
문문	아내부	여자녀	몸신		혹혹	나타날현	아이동	사내남	아이동

녀	신		혹	현	천	룡	야	차	
女	身		或	現	天	龍	夜	叉	
여자녀	몸신		혹혹	나타날현	하늘천	용룡	밤야	깍지낄 차	

건	달	바	아	수	라		가	루	라
乾	闥	婆	阿	修	羅		迦	樓	羅
하늘건	대궐문 달	할미 파(바)	언덕아	닦을수	새그물 라		막을가	다락루	새그물 라

또 장자와 거사의 부인이나
재상과 바라문의 귀부인으로 나타나기도 하며,
가끔은 어린 동자와 동녀의 모습으로 나타나기도 하느니라.
더욱이 어떤 때는 하늘천신·용·야차·건달바·아수라·가루라·

제24 묘음보살품

긴	나	라		마	후	라	가		인
緊	那	羅		摩	睺	羅	伽		人
긴할 긴	어찌 나	새그물 라		갈 마	애꾸눈 후	새그물 라	절 가		사람 인

비	인	등	신		이	설	시	경
非	人	等	身		而	說	是	經
아닐 비	사람 인	무리 등	몸 신		말이을 이	말씀 설	이 시	경 경

제	유	지	옥		아	귀	축	생
諸	有	地	獄		餓	鬼	畜	生
모든 제	있을 유	땅 지	옥 옥		주릴 아	귀신 귀	기를 축	날 생

급	중	난	처		개	능	구	제
及	衆	難	處		皆	能	救	濟
및 급	무리 중	어려울 난	곳 처		다 개	능할 능	건질 구	건널 제

내	지	어	왕	후	궁		변	위	여
乃	至	於	王	後	宮		變	爲	女
이에 내	이를 지	어조사 어	임금 왕	뒤 후	집 궁		변할 변	할 위	여자 여

긴나라·마후라가 같이 사람인 듯하면서 아닌 이들의 몸으로 나타나서
이 경을 설하기도 하느니라. 그리하여 모든 지옥·아귀·축생과
여러 어려운 곳에 있는 중생들까지도 다 능히 구제하며,
심지어 왕의 후궁에서는 여인의 모습으로 변하여

신		이	설	시	경		화	덕
身		而	說	是	經		華	德
몸 신		말이을 이	말씀 설	이 시	경 경		꽃 화	덕 덕

시	묘	음	보	살		능	구	호	사
是	妙	音	菩	薩		能	救	護	娑
이 시	묘할 묘	소리 음	보리 보	보살 살		능할 능	건질 구	보호할 호	춤출 사

바	세	계		제	중	생	자		시
婆	世	界		諸	衆	生	者		是
할미 파(바)	세상 세	지경 계		모든 제	무리 중	날 생	놈 자		이 시

묘	음	보	살		여	시	종	종
妙	音	菩	薩		如	是	種	種
묘할 묘	소리 음	보리 보	보살 살		같을 여	이 시	종류 종	종류 종

변	화	현	신		재	차	사	바	국
變	化	現	身		在	此	娑	婆	國
변할 변	화할 화	나타날 현	몸 신		있을 재	이 차	춤출 사	할미 파(바)	나라 국

이 경을 설하느니라.
화덕보살이여,
이 묘음보살은 능히 사바세계의 모든 중생들을 구호하는 분이니라.
묘음보살은 이와 같이 여러 가지로 변화해 나타나 사바세계에 있으면서

토		위	제	중	생		설	시	경
土		爲	諸	衆	生		說	是	經
흙토		위할위	모든제	무리중	날생		말씀설	이시	경경

전		어	신	통	변	화	지	혜	
典		於	神	通	變	化	智	慧	
법전		어조사어	신통할신	통할통	변할변	화할화	슬기지	지혜혜	

무	소	손	감		시	보	살		이
無	所	損	減		是	菩	薩		以
없을무	바소	덜손	덜감		이시	보리보	보살살		써이

약	간	지	혜		명	조	사	바	세
若	干	智	慧		明	照	娑	婆	世
같을약	방패간	슬기지	지혜혜		밝을명	비출조	춤출사	할미 파(바)	세상세

계		영	일	체	중	생		각	득
界		令	一	切	衆	生		各	得
지경계		하여금영	한일	모두체	무리중	날생		각각각	얻을득

온갖 중생 위해 이 경전을 설하건만,
그 신통변화의 능력이나 지혜는 조금도 손상되거나 줄어들지 않느니라.
이 보살은 넓고 큰 지혜로써 사바세계를 밝게 비추어,
일체 중생들로 하여금 각각

소	지		어	시	방	항	하	사	세
所	知		於	十	方	恒	河	沙	世
바 소	알 지		어조사 어	열 십(시)	방위 방	항상 항	물 하	모래 사	세상 세

계	중		역	부	여	시		약	응
界	中		亦	復	如	是		若	應
지경 계	가운데 중		또 역	다시 부	같을 여	이 시		만약 약	응할 응

이	성	문	형		득	도	자		현
以	聲	聞	形		得	度	者		現
써 이	소리 성	들을 문	모양 형		얻을 득	건널 도	놈 자		나타날 현

성	문	형		이	위	설	법		응
聲	聞	形		而	爲	說	法		應
소리 성	들을 문	모양 형		말이을 이	할 위	말씀 설	법 법		응할 응

이	벽	지	불	형		득	도	자
以	辟	支	佛	形		得	度	者
써 이	임금 벽	지탱할 지	부처 불	모양 형		얻을 득	건널 도	놈 자

알아야 될 내용들을 잘 이해시키느니라. 그리고 항하의 모래알처럼
무수히 많은 시방의 다른 세계들 속에서도 역시 또 그와 같이 교화하느니라.
그리하여 응당 성문의 몸으로써 제도해야 할 자에게는 성문의 몸으로 나타나 설법하고,
벽지불의 몸으로써 제도해야 할 자에게는

현	벽	지	불	형		이	위	설	법
現	辟	支	佛	形		而	爲	說	法
나타날 현	임금 벽	지탱할 지	부처 불	모양 형		말이을 이	할 위	말씀 설	법 법

응	이	보	살	형		득	도	자
應	以	菩	薩	形		得	度	者
응할 응	써 이	보리 보	보살 살	모양 형		얻을 득	건널 도	놈 자

현	보	살	형		이	위	설	법
現	菩	薩	形		而	爲	說	法
나타날 현	보리 보	보살 살	모양 형		말이을 이	할 위	말씀 설	법 법

응	이	불	형		득	도	자	즉
應	以	佛	形		得	度	者	卽
응할 응	써 이	부처 불	모양 형		얻을 득	건널 도	놈 자	곧 즉

현	불	형		이	위	설	법	여
現	佛	形		而	爲	說	法	如
나타날 현	부처 불	모양 형		말이을 이	할 위	말씀 설	법 법	같을 여

벽지불의 몸으로 나타나 설법하느니라.
또 보살의 몸으로써 제도해야 할 자에게는 보살의 몸으로 나타나 설법하며,
부처님의 몸으로써 제도해야 할 자에게는
부처님의 몸으로 나타나 설법하느니라.

시	종	종		수	소	응	도		이
是	種	種		隨	所	應	度		而
이시	종류종	종류종		따를수	바소	응할응	건널도		말이을이

위	현	형		내	지	응	이	멸	도
爲	現	形		乃	至	應	以	滅	度
할위	나타날현	모양형		이에내	이를지	응할응	써이	멸할멸	건널도

이	득	도	자		시	현	멸	도	
而	得	度	者		示	現	滅	度	
말이을이	얻을득	건널도	놈자		보일시	나타날현	멸할멸	건널도	

화	덕		묘	음	보	살	마	하	살
華	德		妙	音	菩	薩	摩	訶	薩
꽃화	덕덕		묘할묘	소리음	보리보	보살살	갈마	꾸짖을가(하)	보살살

성	취	대	신	통		지	혜	지	력
成	就	大	神	通		智	慧	之	力
이룰성	이룰취	큰대	신통할신	통할통		슬기지	지혜혜	어조사지	힘력

이와 같이 여러 가지 제도될 상대에 맞게 형상을 나타내니,
심지어 열반함으로써 제도해야 할 자에게는 기꺼이 열반을 나타내 보여주느니라.
화덕보살이여,
묘음 보살마하살이 큰 신통력과 지혜의 힘을 성취한

기	사	여	시		이	시		화	덕
其	事	如	是		爾	時		華	德
그기	일사	같을여	이시		그이	때시		꽃화	덕덕

보	살		백	불	언		세	존	
菩	薩		白	佛	言		世	尊	
보리보	보살살		사뢸백	부처불	말씀언		세상세	높을존	

시	묘	음	보	살		심	종	선	근
是	妙	音	菩	薩		深	種	善	根
이시	묘할묘	소리음	보리보	보살살		깊을심	심을종	착할선	뿌리근

세	존		시	보	살		주	하	삼
世	尊		是	菩	薩		住	何	三
세상세	높을존		이시	보리보	보살살		머물주	어찌하	석삼

매		이	능	여	시		재	소	변
昧		而	能	如	是		在	所	變
어두울매		말이을이	능할능	같을여	이시		있을재	곳소	변할변

배경이 이러하니라."
그때 화덕보살이 부처님께 사뢰었다.
"세존이시여, 그렇다면 이 묘음보살은 정말로 깊이 선근을 심었군요.
그런데 세존이시여! 이 보살은 도대체 어떤 삼매에 머물기에, 이와 같이 있는 곳마다

현		도	탈	중	생		불	고	화
現		度	脫	衆	生		佛	告	華
나타날 현		건널 도	벗을 탈	무리 중	날 생		부처 불	알릴 고	꽃 화

덕	보	살		선	남	자		기	삼
德	菩	薩		善	男	子		其	三
덕 덕	보리 보	보살 살		착할 선	사내 남	아들 자		그 기	석 삼

매	명		현	일	체	색	신		묘
昧	名		現	一	切	色	身		妙
어두울 매	이름 명		나타날 현	한 일	모두 체	빛 색	몸 신		묘할 묘

음	보	살		주	시	삼	매	중
音	菩	薩		住	是	三	昧	中
소리 음	보리 보	보살 살		머물 주	이 시	석 삼	어두울 매	가운데 중

능	여	시	요	익		무	량	중	생
能	如	是	饒	益		無	量	衆	生
능할 능	같을 여	이 시	넉넉할 요	더할 익		없을 무	헤아릴 량	무리 중	날 생

마음대로 변화해 중생을 제도할 수 있는 것입니까?"
부처님께서 화덕보살에게 이르시었다.
"선남자여, 그 삼매는 현일체색신삼매라 하느니라. 묘음보살은
그 삼매 가운데에 머물러서 능히 이와 같이 무량중생들을 이익되게 하느니라."

설	시	묘	음	보	살	품	시		여
說	是	妙	音	菩	薩	品	時		與
말씀 설	이 시	묘할 묘	소리 음	보리 보	보살 살	가지 품	때 시		더불어 여

묘	음	보	살	구	래	자		팔	만
妙	音	菩	薩	俱	來	者		八	萬
묘할 묘	소리 음	보리 보	보살 살	함께 구	올 래	놈 자		여덟 팔	일만 만

사	천	인		개	득	현	일	체	색
四	千	人		皆	得	現	一	切	色
넉 사	일천 천	사람 인		다 개	얻을 득	나타날 현	한 일	모두 체	빛 색

신	삼	매		차	사	바	세	계	
身	三	昧		此	娑	婆	世	界	
몸 신	석 삼	어두울 매		이 차	춤출 사	할미 파(바)	세상 세	지경 계	

무	량	보	살		역	득	시	삼	매
無	量	菩	薩		亦	得	是	三	昧
없을 무	헤아릴 량	보리 보	보살 살		또 역	얻을 득	이 시	석 삼	어두울 매

부처님께서 이 〈묘음보살품〉을 설하셨을 때에
묘음보살과 함께 온 팔만사천 보살들이
모두 현일체색신삼매를 얻었으며,
여기 사바세계의 한량없는 보살들도 그 삼매와

급	다	라	니		이	시		묘	음
及	陀	羅	尼		爾	時		妙	音
및 급	비탈질 타(다)	새그물 라	여승 니		그 이	때 시		묘할 묘	소리 음

보	살	마	하	살		공	양	석	가
菩	薩	摩	訶	薩		供	養	釋	迦
보리 보	보살 살	갈 마	꾸짖을 가(하)	보살 살		이바지할 공	기를 양	풀 석	막을 가

모	니	불		급	다	보	불	탑	이
牟	尼	佛		及	多	寶	佛	塔	已
소우는소리 모	여승 니	부처 불		및 급	많을 다	보배 보	부처 불	탑 탑	마칠 이

환	귀	본	토		소	경	제	국
還	歸	本	土		所	經	諸	國
돌아갈 환	돌아갈 귀	근본 본	흙 토		바 소	지날 경	모든 제	나라 국

육	종	진	동		우	보	련	화
六	種	震	動		雨	寶	蓮	華
여섯 육	종류 종	진동할 진	움직일 동		비 우	보배 보	연꽃 련	꽃 화

다라니를 얻었다. 그때 묘음 보살마하살이
석가모니 부처님과 다보 부처님의 보배탑에 공양을 마치고 본토로 돌아가자,
지나치는 세계들이 전부 여섯 가지로 진동하며 움직였다.
또 그 모든 세계들마다 찬란한 보배 연꽃송이들이 꽃비가 되어 하염없이 흩날렸으며,

작	백	천	만	억		종	종	기	악
作	百	千	萬	億		種	種	伎	樂
지을 작	일백 백	일천 천	일만 만	억 억		종류 종	종류 종	재주 기	풍류 악

기	도	본	국		여	팔	만	사	천
旣	到	本	國		與	八	萬	四	千
이미 기	이를 도	근본 본	나라 국		더불어 여	여덟 팔	일만 만	넉 사	일천 천

보	살	위	요		지	정	화	수	왕
菩	薩	圍	繞		至	淨	華	宿	王
보리 보	보살 살	두를 위	두를 요		이를 지	깨끗할 정	꽃 화	별자리 수	임금 왕

지	불	소		백	불	언		세	존
智	佛	所		白	佛	言		世	尊
슬기 지	부처 불	곳 소		사뢸 백	부처 불	말씀 언		세상 세	높을 존

아	도	사	바	세	계		요	익	중
我	到	娑	婆	世	界		饒	益	衆
나 아	이를 도	춤출 사	할미 파(바)	세상 세	지경 계		넉넉할 요	더할 익	무리 중

백천만억의 갖가지 악기들이 울려 퍼졌다.
이윽고 묘음보살이 본국에 도착하매 팔만사천 보살들에게 둘러싸인 채,
정화수왕지 부처님 처소에 같이 나아가 부처님께 사뢰었다.
"세존이시여! 저는 사바세계에 가서 중생들을 이익되게 하였습니다.

생		견	석	가	모	니	불		급
生		見	釋	迦	牟	尼	佛		及
날생		볼견	풀석	막을가	소우는소리모	여승니	부처불		및급

견	다	보	불	탑		예	배	공	양
見	多	寶	佛	塔		禮	拜	供	養
볼견	많을다	보배보	부처불	탑탑		예도예	절배	이바지할공	기를양

우	견	문	수	사	리		법	왕	자
又	見	文	殊	師	利		法	王	子
또우	볼견	글월문	뛰어날수	스승사	이로울리		법법	임금왕	아들자

보	살		급	견	약	왕	보	살
菩	薩		及	見	藥	王	菩	薩
보리보	보살살		및급	볼견	약약	임금왕	보리보	보살살

득	근	정	진	력	보	살		용	시
得	勤	精	進	力	菩	薩		勇	施
얻을득	부지런할근	정미할정	나아갈진	힘력	보리보	보살살		날쌜용	베풀시

뿐만 아니라 석가모니 부처님도 친견하였고,
다보불탑도 친견해서 예배하고 공양 올렸습니다.
또 문수사리 법왕자보살을 만났고, 약왕보살과
득근정진력보살과 용시보살도 만났습니다.

보	살	등		역	령	시	팔	만	사
菩	薩	等		亦	令	是	八	萬	四
보리보	보살살	무리등		또역	하여금령	이시	여덟팔	일만만	넉사

천	보	살		득	현	일	체	색	신
千	菩	薩		得	現	一	切	色	身
일천천	보리보	보살살		얻을득	나타날현	한일	모두체	빛색	몸신

삼	매		설	시	묘	음	보	살	내
三	昧		說	是	妙	音	菩	薩	來
석삼	어두울매		말씀설	이시	묘할묘	소리음	보리보	보살살	올내

왕	품	시		사	만	이	천	천	자
往	品	時		四	萬	二	千	天	子
갈왕	가지품	때시		넉사	일만만	두이	일천천	하늘천	아들자

득	무	생	법	인		화	덕	보	살
得	無	生	法	忍		華	德	菩	薩
얻을득	없을무	날생	법법	참을인		꽃화	덕덕	보리보	보살살

> 게다가 함께 갔던 팔만사천 보살들로 하여금
> 현일체색신삼매를 얻게 하였습니다."
> 석가모니 부처님께서 묘음보살이 사바세계에 왔다간 품을 설하셨을 때에,
> 사만이천 명의 하늘천신들이 무생법인을 얻었고 화덕보살은

득	법	화	삼	매					
得	法	華	三	昧					
얻을 득	법 법	꽃 화	석 삼	어두울 매					

법화삼매를 얻었다.

제24 묘음보살품

제이십오	관	세	음	보	살	보	문	품
第二十五	觀	世	音	菩	薩	普	門	品
	볼관	세상세	소리음	보리보	보살살	널리보	문문	가지품

이	시		무	진	의	보	살		즉
爾	時		無	盡	意	菩	薩		卽
그이	때시		없을무	다할진	뜻의	보리보	보살살		곧즉

종	좌	기		편	단	우	견		합
從	座	起		偏	袒	右	肩		合
좇을종	자리좌	일어날기		치우칠편	옷벗어맬단	오른쪽우	어깨견		합할합

장	향	불		이	작	시	언		세
掌	向	佛		而	作	是	言		世
손바닥장	향할향	부처불		말이을이	지을작	이시	말씀언		세상세

존		관	세	음	보	살		이	하
尊		觀	世	音	菩	薩		以	何
높을존		볼관	세상세	소리음	보리보	보살살		써이	어찌하

제25 관세음보살보문품

그때 무진의보살이 자리에서 일어나, 옷을 정돈하여 오른쪽 어깨를 드러내고 합장한 채 부처님을 향하여 이렇게 말씀드렸다.
"세존이시여, 관세음보살은

인	연		명	관	세	음		불	고
因	緣		名	觀	世	音		佛	告
인할인	인연연		이름명	볼관	세상세	소리음		부처불	알릴고

무	진	의	보	살		선	남	자
無	盡	意	菩	薩		善	男	子
없을무	다할진	뜻의	보리보	보살살		착할선	사내남	아들자

약	유	무	량		백	천	만	억	중
若	有	無	量		百	千	萬	億	衆
만약약	있을유	없을무	헤아릴량		일백백	일천천	일만만	억억	무리중

생		수	제	고	뇌		문	시	관
生		受	諸	苦	惱		聞	是	觀
날생		받을수	모든제	괴로울고	괴로워할뇌		들을문	이시	볼관

세	음	보	살		일	심	칭	명
世	音	菩	薩		一	心	稱	名
세상세	소리음	보리보	보살살		한일	마음심	일컬을칭	이름명

무슨 인연으로써 '관세음'이라 부르게 되었습니까?"
부처님께서 무진의보살에게 이르시었다.
"선남자여! 각종 고통에 시달리는 한량없는 백천만억 중생들이
관세음보살에 대해 듣고 일심으로 그 이름을 부른다면,

관	세	음	보	살		즉	시		관
觀	世	音	菩	薩		即	時		觀
볼관	세상세	소리음	보리보	보살살		곧즉	때시		볼관

기	음	성		개	득	해	탈		약
其	音	聲		皆	得	解	脫		若
그기	소리음	소리성		다개	얻을득	풀해	벗을탈		만약약

유	지	시		관	세	음	보	살	명
有	持	是		觀	世	音	菩	薩	名
있을유	가질지	이시		볼관	세상세	소리음	보리보	보살살	이름명

자		설	입	대	화		화	불	능
者		設	入	大	火		火	不	能
놈자		설령설	들입	큰대	불화		불화	아닐불	능할능

소		유	시	보	살	위	신	력	고
燒		由	是	菩	薩	威	神	力	故
사를소		말미암을유	이시	보리보	보살살	위엄위	신통할신	힘력	연고고

관세음보살이 즉시 그 음성을 관찰하고
그들을 모두 괴로움에서 벗어나게 하느니라.
관세음보살을 염불하는 사람은 설사 큰 불구덩이 속에 떨어지게 되었더라도
불이 태울 수 없나니, 바로 관세음보살의 위신력을 입었기 때문이니라.

약	위	대	수	소	표		칭	기	명
若	爲	大	水	所	漂		稱	其	名
만약약	할위	큰대	물수	바소	떠내려갈표		일컬을칭	그기	이름명

호		즉	득	천	처		약	유	백
號		卽	得	淺	處		若	有	百
이름호		곧즉	얻을득	얕을천	곳처		만약약	있을유	일백백

천	만	억	중	생		위	구	금	은
千	萬	億	衆	生		爲	求	金	銀
일천천	일만만	억억	무리중	날생		위할위	구할구	쇠금	은은

유	리		자	거	마	노		산	호
琉	璃		硨	磲	瑪	瑙		珊	瑚
유리유	유리리		옥돌자	옥돌거	마노마	마노노		산호산	산호호

호	박		진	주	등	보		입	어
琥	珀		眞	珠	等	寶		入	於
호박호	호박박		참진	구슬주	무리등	보배보		들입	어조사어

> 혹 큰물에 떠내려가게 되었더라도
> 관세음보살의 명호를 부르면 곧 얕은 물가에 닿게 되느니라.
> 가령 어떤 백천만억 중생들이 금·은·유리·자거·
> 마노·산호·호박·진주 등 여러 보배들을 찾아

대	해		가	사	흑	풍		취	기
大	海		假	使	黑	風		吹	其
큰대	바다해		거짓가	가령사	검을흑	바람풍		불취	그기

선	방		표	타	나	찰	귀	국
船	舫		飄	墮	羅	刹	鬼	國
배선	배방		회오리바람표	떨어질타	새그물나	절찰	귀신귀	나라국

기	중		약	유	내	지	일	인
其	中		若	有	乃	至	一	人
그기	가운데중		만약약	있을유	이에내	이를지	한일	사람인

칭	관	세	음		보	살	명	자
稱	觀	世	音		菩	薩	名	者
일컬을칭	볼관	세상세	소리음		보리보	보살살	이름명	놈자

시	제	인	등		개	득	해	탈
是	諸	人	等		皆	得	解	脫
이시	모든제	사람인	무리등		다개	얻을득	풀해	벗을탈

큰 바다로 나섰다가, 폭풍이 불어서
그만 나찰귀 나라에 표류하게 되었다고 하자.
그렇더라도 그들 중 하다못해 단 한 명만이라도
관세음보살의 이름을 부르는 이가 있다면, 그 여러 사람들이 전부

나	찰	지	난		이	시	인	연
羅	刹	之	難		以	是	因	緣
새그물나	절 찰	어조사지	어려울난		써 이	이 시	인할인	인연연

명	관	세	음		약	부	유	인
名	觀	世	音		若	復	有	人
이름명	볼 관	세상세	소리음		만약약	다시부	있을유	사람인

임	당	피	해		칭	관	세	음
臨	當	被	害		稱	觀	世	音
임할임	마땅히당	입을피	해할해		일컬을칭	볼 관	세상세	소리음

보	살	명	자		피	소	집	도	장
菩	薩	名	者		彼	所	執	刀	杖
보리보	보살살	이름명	놈 자		저 피	바 소	잡을집	칼 도	지팡이장

심	단	단	괴		이	득	해	탈
尋	段	段	壞		而	得	解	脫
곧 심	조각단	조각단	무너질괴		말이을이	얻을득	풀 해	벗을탈

나찰의 환난에서 벗어나게 되느니라. 이런 인연으로써
'세상의 소리를 관찰하는 분', 곧 '관세음보살'이라 부르게 되었느니라.
또 어떤 사람이 금방 칼에 찔리게 된 경우라도 관세음보살 이름을 부른다면,
상대방이 잡고 있던 칼이나 막대기가 산산조각 부서져 위기를 모면하게 되느니라.

| 약 若 만약약 | 삼 三 석삼 | 천 千 일천천 | 대 大 큰대 | 천 千 일천천 | 국 國 나라국 | 토 土 흙토 | | 만 滿 찰만 | 중 中 가운데중 |

| 야 夜 밤야 | 차 叉 깍지낄차 | 나 羅 새그물나 | 찰 刹 절찰 | | 욕 欲 하고자할욕 | 래 來 올래 | 뇌 惱 괴롭힐뇌 | 인 人 사람인 |

| 문 聞 들을문 | 기 其 그기 | 칭 稱 일컬을칭 | 관 觀 볼관 | 세 世 세상세 | 음 音 소리음 | | 보 菩 보리보 | 살 薩 보살살 | 명 名 이름명 |

| 자 者 놈자 | | 시 是 이시 | 제 諸 모든제 | 악 惡 악할악 | 귀 鬼 귀신귀 | | 상 尙 오히려상 | 불 不 아닐불 | 능 能 능할능 |

| 이 以 써이 | 악 惡 악할악 | 안 眼 눈안 | 시 視 볼시 | 지 之 어조사지 | | 황 況 하물며황 | 부 復 다시부 | 가 加 더할가 | 해 害 해할해 |

혹 삼천대천 온 세계에 가득 찬 야차와 나찰들이
사람에게 들러붙어 괴롭히려고 하더라도,
관세음보살 염불하는 소리를 들으면 악귀들이 감히 사악한 눈길로
그 사람을 쳐다보지도 못하거늘 어찌 다시 해칠 수 있겠느냐!

설	부	유	인		약	유	죄		약
設	復	有	人		若	有	罪		若
설령설	다시부	있을유	사람인		만약약	있을유	허물죄		만약약

무	죄		추	계	가	쇄		검	계
無	罪		杻	械	枷	鎖		檢	繫
없을무	허물죄		쇠고랑추	형틀계	칼가	쇠사슬쇄		묶을검	맬계

기	신		칭	관	세	음		보	살
其	身		稱	觀	世	音		菩	薩
그기	몸신		일컬을칭	볼관	세상세	소리음		보리보	보살살

명	자		개	실	단	괴		즉	득
名	者		皆	悉	斷	壞		卽	得
이름명	놈자		다개	다실	끊을단	무너질괴		곧즉	얻을득

해	탈		약	삼	천	대	천	국	토
解	脫		若	三	千	大	千	國	土
풀해	벗을탈		만약약	석삼	일천천	큰대	일천천	나라국	흙토

또 어떤 이가 수갑과 형틀·칼·자물쇠에 몸이 꽁꽁 묶였더라도,
관세음보살을 염불한다면 죄가 있든지 없든지 간에
저절로 풀어지고 끊어져서 즉시 풀려나게 되리라.
만일 삼천대천 온 세계에

만	중	원	적		유	일	상	주	
滿	中	怨	賊		有	一	商	主	
찰만	가운데 중	원수 원	도둑 적		있을 유	한 일	장사 상	주인 주	

장	제	상	인		재	지	중	보	
將	諸	商	人		齎	持	重	寶	
거느릴 장	모든 제	장사 상	사람 인		가질 재	가질 지	무거울 중	보배 보	

경	과	험	로		기	중	일	인	
經	過	嶮	路		其	中	一	人	
지날 경	지날 과	험할 험	길 로		그 기	가운데 중	한 일	사람 인	

작	시	창	언		제	선	남	자	
作	是	唱	言		諸	善	男	子	
지을 작	이 시	부를 창	말씀 언		모든 제	착할 선	사내 남	아들 자	

물	득	공	포		여	등		응	당
勿	得	恐	怖		汝	等		應	當
말 물	얻을 득	두려울 공	두려워할 포		너 여	무리 등		응당히 응	마땅히 당

원수와 도적떼들이 가득 들끓고 있는데, 마침 한 인솔자가
여러 상인들을 데리고 값진 보배를 가득 실은 채 험한 길을 지나간다고 하자.
그 가운데 누군가 큰 소리로 일행들에게 말하기를,
'모든 선남자들이여, 조금도 두려워하지 말라! 너희들은 마땅히

일	심		칭	관	세	음		보	살
一	心		稱	觀	世	音		菩	薩
한일	마음심		일컬을칭	볼관	세상세	소리음		보리보	보살살

명	호		시	보	살		능	이	무
名	號		是	菩	薩		能	以	無
이름명	이름호		이시	보리보	보살살		능할능	써이	없을무

외		시	어	중	생		여	등	
畏		施	於	衆	生		汝	等	
두려워할외		베풀시	어조사어	무리중	날생		너여	무리등	

약	칭	명	자		어	차	원	적	
若	稱	名	者		於	此	怨	賊	
만약약	일컬을칭	이름명	놈자		어조사어	이차	원수원	도둑적	

당	득	해	탈		중	상	인	문	
當	得	解	脫		衆	商	人	聞	
마땅히당	얻을득	풀해	벗을탈		무리중	장사상	사람인	들을문	

일심으로 관세음보살 이름을 염불하라! 관세음보살님께서는
능히 중생의 두려움을 없애주시나니, 너희들이 만약 관세음보살
이름을 부른다면 이 도적떼로부터 틀림없이 안전하게 벗어나리라!'
여러 상인들이 그 말을 듣고는

구	발	성	언		나	무	관	세	음
俱	發	聲	言		南	無	觀	世	音
함께 구	필 발	소리 성	말씀 언		남녘 남(나)	없을 무	볼 관	세상 세	소리 음

보	살		칭	기	명	고		즉	득
菩	薩		稱	其	名	故		卽	得
보리 보	보살 살		일컬을 칭	그 기	이름 명	연고 고		곧 즉	얻을 득

해	탈		무	진	의		관	세	음
解	脫		無	盡	意		觀	世	音
풀 해	벗을 탈		없을 무	다할 진	뜻 의		볼 관	세상 세	소리 음

보	살	마	하	살		위	신	지	력
菩	薩	摩	訶	薩		威	神	之	力
보리 보	보살 살	갈 마	꾸짖을 가(하)	보살 살		위엄 위	신통할 신	어조사 지	힘 력

외	외	여	시		약	유	중	생
巍	巍	如	是		若	有	衆	生
높을 외	높을 외	같을 여	이 시		만약 약	있을 유	무리 중	날 생

일제히 소리를 내어 '나무관세음보살… 관세음보살…' 염불한다면,
이렇게 관세음보살을 부른 까닭에 상인들은 무사히 도적떼로부터 구출되리라.
무진의보살이여,
관세음보살마하살의 위신력은 이렇게 어마어마하니라. 만약 어떤 중생이

다	어	음	욕		상	념	공	경
多	於	婬	欲		常	念	恭	敬
많을다	어조사어	음탕할음	욕심욕		항상상	생각할념	공손할공	공경할경

관	세	음	보	살	변	득	이	욕
觀	世	音	菩	薩	便	得	離	欲
볼관	세상세	소리음	보리보	보살살	문득변	얻을득	떠날이	욕심욕

약	다	진	에		상	념	공	경
若	多	瞋	恚		常	念	恭	敬
만약약	많을다	성낼진	성낼에		항상상	생각할념	공손할공	공경할경

관	세	음	보	살	변	득	이	진
觀	世	音	菩	薩	便	得	離	瞋
볼관	세상세	소리음	보리보	보살살	문득변	얻을득	떠날이	성낼진

약	다	우	치		상	념	공	경
若	多	愚	癡		常	念	恭	敬
만약약	많을다	어리석을우	어리석을치		항상상	생각할념	공손할공	공경할경

음욕이 많을지라도 항상 관세음보살을
생각하고 공경한다면 곧 음욕을 여의게 되느니라.
혹 성내는 마음이 많더라도 항상 관세음보살을 생각하고 공경한다면
성내는 마음이 사라지며, 어리석은 마음이 많더라도 항상

관	세	음	보	살		변	득	이	치
觀	世	音	菩	薩		便	得	離	癡
볼관	세상세	소리음	보리보	보살살		문득변	얻을득	떠날이	어리석을치

무	진	의		관	세	음	보	살
無	盡	意		觀	世	音	菩	薩
없을무	다할진	뜻의		볼관	세상세	소리음	보리보	보살살

유	여	시	등		대	위	신	력
有	如	是	等		大	威	神	力
있을유	같을여	이시	무리등		큰대	위엄위	신통할신	힘력

다	소	요	익		시	고	중	생
多	所	饒	益		是	故	衆	生
많을다	바소	넉넉할요	더할익		이시	연고고	무리중	날생

상	응	심	념		약	유	여	인
常	應	心	念		若	有	女	人
항상상	응당히응	마음심	생각할념		만약약	있을유	여자여	사람인

관세음보살을 생각하고 공경한다면 어리석은 마음이 사라지느니라.
무진의보살이여!
관세음보살은 이와 같이 큰 위신력을 갖추고 크게 중생들을 이롭게 하느니라.
그러므로 중생들은 마음속으로 항상 관세음보살을 생각해야 하느니라. 만약 어떤 여인이

설	욕	구	남		예	배	공	양
設	欲	求	男		禮	拜	供	養
설령설	하고자할욕	구할구	사내남		예도예	절배	이바지할공	기를양

관	세	음	보	살	변	생	복	덕
觀	世	音	菩	薩	便	生	福	德
볼관	세상세	소리음	보리보	보살살	문득변	날생	복복	덕덕

지	혜	지	남		설	욕	구	녀
智	慧	之	男		設	欲	求	女
슬기지	지혜혜	어조사지	사내남		설령설	하고자할욕	구할구	여자녀

변	생	단	정		유	상	지	녀
便	生	端	正		有	相	之	女
문득변	날생	단정할단	바를정		있을유	모양상	어조사지	여자녀

숙	식	덕	본		중	인	애	경
宿	植	德	本		衆	人	愛	敬
묵을숙	심을식	덕덕	근본본		무리중	사람인	사랑애	공경할경

아들을 낳고자 관세음보살께 예배하고 공양한다면
복덕과 지혜를 겸비한 아들을 낳게 되리라.
혹 딸을 낳기 원한다면 단정하고 어여쁜 딸을 낳되,
전생에 심은 공덕이 많아서 여러 사람들의 사랑과 공경을 받게 되리라.

무	진	의		관	세	음	보	살
無	盡	意		觀	世	音	菩	薩
없을무	다할진	뜻의		볼관	세상세	소리음	보리보	보살살

유	여	시	력	약	유	중	생
有	如	是	力	若	有	衆	生
있을유	같을여	이시	힘력	만약약	있을유	무리중	날생

공	경	예	배		관	세	음	보	살
恭	敬	禮	拜		觀	世	音	菩	薩
공손할공	공경할경	예도예	절배		볼관	세상세	소리음	보리보	보살살

복	불	당	연	시	고	중	생
福	不	唐	捐	是	故	衆	生
복복	아닐불	헛될당	버릴연	이시	연고고	무리중	날생

개	응	수	지		관	세	음	보	살
皆	應	受	持		觀	世	音	菩	薩
다개	응당히응	받을수	가질지		볼관	세상세	소리음	보리보	보살살

무진의보살이여,
관세음보살은 이와 같이 위대한 능력을 갖추었느니라.
어떤 중생이든 관세음보살을 공경하고 예배한다면 그 복이 결코 헛되지 않나니,
따라서 모든 중생들은 관세음보살을 염불해야 하느니라.

명	호		무	진	의		약	유	인
名	號		無	盡	意		若	有	人
이름명	이름호		없을무	다할진	뜻의		만약약	있을유	사람인

수	지	육	십	이	억		항	하	사
受	持	六	十	二	億		恒	河	沙
받을수	가질지	여섯육	열십	두이	억억		항상항	물하	모래사

보	살	명	자		부	진	형		공
菩	薩	名	字		復	盡	形		供
보리보	보살살	이름명	글자자		다시부	다할진	모양형		이바지할공

양	음	식	의	복		와	구	의	약
養	飮	食	衣	服		臥	具	醫	藥
기를양	마실음	먹을식	옷의	옷복		누울와	갖출구	의원의	약약

어	여	의	운	하		시	선	남	자
於	汝	意	云	何		是	善	男	子
어조사어	너여	뜻의	이를운	어찌하		이시	착할선	사내남	아들자

무진의보살이여!
만약 어떤 사람이 육십이억 항하의 모래알처럼 수많은
보살들의 이름을 염불하고, 게다가 목숨이 다할 때까지
음식·의복·침구·약품 등을 공양한다면 그대 생각에는 어떠한가? 그 선남자

제25 관세음보살보문품

선	여	인		공	덕	다	부		무
善	女	人		功	德	多	不		無
착할선	여자여	사람인		공공	덕덕	많을다	아닐부		없을무

진	의	언		심	다	세	존		불
盡	意	言		甚	多	世	尊		佛
다할진	뜻의	말씀언		심할심	많을다	세상세	높을존		부처불

언		약	부	유	인		수	지	관
言		若	復	有	人		受	持	觀
말씀언		만약약	다시부	있을유	사람인		받을수	가질지	볼관

세	음		보	살	명	호		내	지
世	音		菩	薩	名	號		乃	至
세상세	소리음		보리보	보살살	이름명	이름호		이에내	이를지

일	시		예	배	공	양		시	이
一	時		禮	拜	供	養		是	二
한일	때시		예도예	절배	이바지할공	기를양		이시	두이

선여인에게 얼마나 많은 공덕이 있겠느냐?"
무진의보살이 대답하였다. "공덕이 매우 많을 것이옵니다. 세존이시여!"
부처님께서 말씀하셨다. "그런데 또 어떤 사람이 관세음보살
이름을 염불하되 하다못해 잠깐만이라도 예배하고 공양한다면,

인	복		정	등	무	이		어	백
人	福		正	等	無	異		於	百
사람인	복복		바를정	같을등	없을무	다를이		어조사어	일백백

천	만	억	겁		불	가	궁	진
千	萬	億	劫		不	可	窮	盡
일천천	일만만	억억	겁겁		아닐불	가히가	다할궁	다할진

무	진	의		수	지	관	세	음
無	盡	意		受	持	觀	世	音
없을무	다할진	뜻의		받을수	가질지	볼관	세상세	소리음

보	살	명	호		득	여	시		무
菩	薩	名	號		得	如	是		無
보리보	보살살	이름명	이름호		얻을득	같을여	이시		없을무

량	무	변		복	덕	지	리		무
量	無	邊		福	德	之	利		無
헤아릴량	없을무	가변		복복	덕덕	어조사지	이로울리		없을무

두 사람의 복이 똑같아서 백천만억 겁이 흘러도 결코 다하지 않으리라.
무진의보살이여,
관세음보살 이름을 늘 염불하면 이와 같이
한량없고 그지없는 복덕의 이익을 얻게 되느니라."

진	의	보	살		백	불	언		세	
盡	意	菩	薩		白	佛	言		世	
다할진	뜻의	보리보	보살살		사뢸백	부처불	말씀언		세상세	

존		관	세	음	보	살		운	하
尊		觀	世	音	菩	薩		云	何
높을존		볼관	세상세	소리음	보리보	보살살		이를운	어찌하

유	차		사	바	세	계		운	하
遊	此		娑	婆	世	界		云	何
놀유	이차		춤출사	할미 파(바)	세상세	지경계		이를운	어찌하

이	위		중	생	설	법		방	편
而	爲		衆	生	說	法		方	便
말이을이	위할위		무리중	날생	말씀설	법법		처방방	편할편

지	력		기	사	운	하		불	고
之	力		其	事	云	何		佛	告
어조사지	힘력		그기	일사	이를운	어찌하		부처불	알릴고

무진의보살이 부처님께 사뢰었다.
"세존이시여! 관세음보살은 어떤 식으로 이 사바세계를 자유로이 오가며, 중생들을 위하여 어떻게 설법합니까? 또 방편의 능력은 어느 정도입니까?"
부처님께서

무	진	의	보	살		선	남	자
無	盡	意	菩	薩		善	男	子
없을무	다할진	뜻의	보리보	보살살		착할선	사내남	아들자

약	유	국	토	중	생	응	이	불
若	有	國	土	衆	生	應	以	佛
만약약	있을유	나라국	흙토	무리중	날생	응할응	써이	부처불

신		득	도	자		관	세	음	보
身		得	度	者		觀	世	音	菩
몸신		얻을득	건널도	놈자		볼관	세상세	소리음	보리보

살		즉	현	불	신	이	위	설
薩		卽	現	佛	身	而	爲	說
보살살		곧즉	나타날현	부처불	몸신	말이을이	할위	말씀설

법		응	이	벽	지	불	신		득
法		應	以	辟	支	佛	身		得
법법		응할응	써이	임금벽	지탱할지	부처불	몸신		얻을득

무진의보살에게 이르시었다.
"선남자여! 어떤 국토의 중생이든
응당 부처님 몸으로써 제도해야 할 자에게는 관세음보살이
곧 부처님 몸으로 나타나 설법하느니라. 혹 벽지불 몸으로써

도	자		즉	현	벽	지	불	신
度	者		卽	現	辟	支	佛	身
건널도	놈자		곧즉	나타날현	임금벽	지탱할지	부처불	몸신

이	위	설	법		응	이	성	문	신
而	爲	說	法		應	以	聲	聞	身
말이을이	할위	말씀설	법법		응할응	써이	소리성	들을문	몸신

득	도	자		즉	현	성	문	신
得	度	者		卽	現	聲	聞	身
얻을득	건널도	놈자		곧즉	나타날현	소리성	들을문	몸신

이	위	설	법		응	이	범	왕	신
而	爲	說	法		應	以	梵	王	身
말이을이	할위	말씀설	법법		응할응	써이	하늘범	임금왕	몸신

득	도	자		즉	현	범	왕	신
得	度	者		卽	現	梵	王	身
얻을득	건널도	놈자		곧즉	나타날현	하늘범	임금왕	몸신

제도해야 할 자에게는 즉시 벽지불 몸으로 나타나 설법하며,
성문의 몸으로써 제도해야 할 자에게는 성문의 몸으로 나타나 설법하느니라.
또한 범천왕 몸으로써 제도해야 할 자에게는
바로 범천왕 몸으로 나타나

이	위	설	법		응	이	제	석	신
而	爲	說	法		應	以	帝	釋	身
말이을이	할위	말씀설	법법		응할응	써이	임금제	풀석	몸신

득	도	자		즉	현	제	석	신
得	度	者		卽	現	帝	釋	身
얻을득	건널도	놈자		곧즉	나타날현	임금제	풀석	몸신

이	위	설	법		응	이	자	재	천
而	爲	說	法		應	以	自	在	天
말이을이	할위	말씀설	법법		응할응	써이	스스로자	있을재	하늘천

신		득	도	자		즉	현	자	재
身		得	度	者		卽	現	自	在
몸신		얻을득	건널도	놈자		곧즉	나타날현	스스로자	있을재

천	신		이	위	설	법		응	이
天	身		而	爲	說	法		應	以
하늘천	몸신		말이을이	할위	말씀설	법법		응할응	써이

설법하고, 제석천왕 몸으로써 제도해야 할 자에게는
제석천왕 몸으로 나타나 설법하느니라.
아울러 자재천왕 몸으로써 제도해야 할 자에게는
얼른 자재천왕 몸으로 나타나 설법하며,

대	자	재	천	신		득	도	자
大	自	在	天	身		得	度	者
큰대	스스로자	있을재	하늘천	몸신		얻을득	건널도	놈자

즉	현	대	자	재	천	신		이	위
卽	現	大	自	在	天	身		而	爲
곧즉	나타날현	큰대	스스로자	있을재	하늘천	몸신		말이을이	할위

설	법		응	이	천	대	장	군	신
說	法		應	以	天	大	將	軍	身
말씀설	법법		응할응	써이	하늘천	큰대	장수장	군사군	몸신

득	도	자		즉	현	천	대	장	군
得	度	者		卽	現	天	大	將	軍
얻을득	건널도	놈자		곧즉	나타날현	하늘천	큰대	장수장	군사군

신		이	위	설	법		응	이	비
身		而	爲	說	法		應	以	毘
몸신		말이을이	할위	말씀설	법법		응할응	써이	도울비

대자재천왕 몸으로써 제도해야 할 자에게는
대자재천왕 몸으로 나타나 설법하느니라.
그리고 천대장군 몸으로써 제도해야 할 자에게는
천대장군 몸으로 나타나 설법하고,

사	문	신		득	도	자		즉	현
沙	門	身		得	度	者		卽	現
모래사	문문	몸신		얻을득	건널도	놈자		곧즉	나타날현

비	사	문	신		이	위	설	법
毘	沙	門	身		而	爲	說	法
도울비	모래사	문문	몸신		말이을이	할위	말씀설	법법

응	이	소	왕	신		득	도	자
應	以	小	王	身		得	度	者
응할응	써이	작을소	임금왕	몸신		얻을득	건널도	놈자

즉	현	소	왕	신		이	위	설	법
卽	現	小	王	身		而	爲	說	法
곧즉	나타날현	작을소	임금왕	몸신		말이을이	할위	말씀설	법법

응	이	장	자	신		득	도	자
應	以	長	者	身		得	度	者
응할응	써이	어른장	놈자	몸신		얻을득	건널도	놈자

비사문천왕 몸으로써 제도해야 할 자에게는 비사문천왕 몸으로 나타나
설법하느니라. 더욱이 작은 왕의 몸으로써 제도해야 할 자에게는
즉시 작은 왕의 몸으로 나타나 설법하고,
장자의 몸으로써 제도해야 할 자에게는

즉	현	장	자	신		이	위	설	법
卽	現	長	者	身		而	爲	說	法
곧즉	나타날현	어른장	놈자	몸신		말이을이	할위	말씀설	법법

응	이	거	사	신		득	도	자
應	以	居	士	身		得	度	者
응할응	써이	살거	선비사	몸신		얻을득	건널도	놈자

즉	현	거	사	신		이	위	설	법
卽	現	居	士	身		而	爲	說	法
곧즉	나타날현	살거	선비사	몸신		말이을이	할위	말씀설	법법

응	이	재	관	신		득	도	자
應	以	宰	官	身		得	度	者
응할응	써이	재상재	벼슬관	몸신		얻을득	건널도	놈자

즉	현	재	관	신		이	위	설	법
卽	現	宰	官	身		而	爲	說	法
곧즉	나타날현	재상재	벼슬관	몸신		말이을이	할위	말씀설	법법

장자의 몸으로 나타나 설법하며, 거사의 몸으로써
제도해야 할 자에게는 거사의 몸으로 나타나 설법하느니라.
그리고 재상의 몸으로써 제도해야 할 자에게는
곧 재상의 몸으로 나타나 설법하며,

응	이	바	라	문	신		득	도	자
應	以	婆	羅	門	身		得	度	者
응할응	써이	할미 파(바)	새그물 라	문문	몸신		얻을득	건널도	놈자

즉	현	바	라	문	신		이	위	설
卽	現	婆	羅	門	身		而	爲	說
곧즉	나타날현	할미 파(바)	새그물 라	문문	몸신		말이을이	할위	말씀설

법		응	이	비	구	비	구	니
法		應	以	比	丘	比	丘	尼
법법		응할응	써이	견줄비	언덕구	견줄비	언덕구	여승니

우	바	새	우	바	이	신		득	도
優	婆	塞	優	婆	夷	身		得	度
넉넉할우	할미 파(바)	변방새	넉넉할우	할미 파(바)	오랑캐이	몸신		얻을득	건널도

자		즉	현	비	구	비	구	니
者		卽	現	比	丘	比	丘	尼
놈자		곧즉	나타날현	견줄비	언덕구	견줄비	언덕구	여승니

바라문의 몸으로써 제도해야 할 자에게는
바라문의 몸으로 나타나 설법하느니라.
또한 비구·비구니·우바새·우바이 몸으로써
제도해야 할 자에게는 즉각 비구·비구니·

제25 관세음보살보문품

우	바	새	우	바	이	신		이	위
優	婆	塞	優	婆	夷	身		而	爲
넉넉할우	할미 파(바)	변방새	넉넉할우	할미 파(바)	오랑캐이	몸신		말이을이	할위

설	법		응	이	장	자	거	사
說	法		應	以	長	者	居	士
말씀설	법법		응할응	써이	어른장	놈자	살거	선비사

재	관	바	라	문	부	녀	신		득
宰	官	婆	羅	門	婦	女	身		得
재상재	벼슬관	할미 파(바)	새그물라	문문	아내부	여자녀	몸신		얻을득

도	자		즉	현	부	녀	신		이
度	者		卽	現	婦	女	身		而
건널도	놈자		곧즉	나타날현	아내부	여자녀	몸신		말이을이

위	설	법		응	이	동	남	동	녀
爲	說	法		應	以	童	男	童	女
할위	말씀설	법법		응할응	써이	아이동	사내남	아이동	여자녀

우바새 · 우바이 몸으로 나타나 설법하느니라.
장자 부인 · 거사 부인 · 재상 부인 · 바라문 부인의 몸으로써
제도해야 할 자에게는 그 부인들 몸으로 나타나 설법하고,
어린 동자와 동녀의 몸으로써

신		득	도	자		즉	현	동	남
身		得	度	者		卽	現	童	男
몸신		얻을득	건널도	놈자		곧즉	나타날현	아이동	사내남

동	녀	신		이	위	설	법		응
童	女	身		而	爲	說	法		應
아이동	여자녀	몸신		말이을이	할위	말씀설	법법		응할응

이	천	룡	야	차		건	달	바	아
以	天	龍	夜	叉		乾	闥	婆	阿
써이	하늘천	용룡	밤야	깍지낄차		하늘건	대궐문달	할미 파(바)	언덕아

수	라		가	루	라	긴	나	라
修	羅		迦	樓	羅	緊	那	羅
닦을수	새그물라		막을가	다락루	새그물라	긴할긴	어찌나	새그물라

마	후	라	가		인	비	인	등	신
摩	睺	羅	伽		人	非	人	等	身
갈마	애꾸눈후	새그물라	절가		사람인	아닐비	사람인	무리등	몸신

제도해야 할 자에게는 당장 어린 동자와
동녀의 몸으로 나타나 설법하느니라. 뿐만 아니라
하늘천신·용·야차·건달바·아수라·가루라·긴나라·
마후라가 같이 사람인 듯하면서 아닌 이들의 몸으로써

득	도	자		즉	개	현	지		이
得	度	者		卽	皆	現	之		而
얻을득	건널도	놈자		곧즉	다개	나타날현	어조사지		말이을이

위	설	법		응	이	집	금	강	신
爲	說	法		應	以	執	金	剛	身
할위	말씀설	법법		응할응	써이	잡을집	쇠금	굳셀강	몸신

득	도	자		즉	현	집	금	강	신
得	度	者		卽	現	執	金	剛	身
얻을득	건널도	놈자		곧즉	나타날현	잡을집	쇠금	굳셀강	몸신

이	위	설	법		무	진	의		시
而	爲	說	法		無	盡	意		是
말이을이	할위	말씀설	법법		없을무	다할진	뜻의		이시

관	세	음	보	살		성	취	여	시
觀	世	音	菩	薩		成	就	如	是
볼관	세상세	소리음	보리보	보살살		이룰성	이룰취	같을여	이시

제도해야 할 자에게는 전부 그들 몸으로 나타나 설법하며,
집금강신 몸으로써 제도해야 할 자에게는
집금강신 몸으로 나타나 설법하느니라.
무진의보살이여! 관세음보살은 이와 같이

공	덕		이	종	종	형		유	제
功	德		以	種	種	形		遊	諸
공공	덕덕		써이	종류종	종류종	모양형		놀유	모든제

국	토		도	탈	중	생		시	고
國	土		度	脫	衆	生		是	故
나라국	흙토		건널도	벗을탈	무리중	날생		이시	연고고

여	등		응	당	일	심		공	양
汝	等		應	當	一	心		供	養
너여	무리등		응당히응	마땅히당	한일	마음심		이바지할공	기를양

관	세	음	보	살		시	관	세	음
觀	世	音	菩	薩		是	觀	世	音
볼관	세상세	소리음	보리보	보살살		이시	볼관	세상세	소리음

보	살	마	하	살		어	포	외	급
菩	薩	摩	訶	薩		於	怖	畏	急
보리보	보살살	갈마	꾸짖을가(하)	보살살		어조사어	두려워할포	두려워할외	급할급

대단한 공덕을 성취하여, 갖가지 형상으로 많은 국토를 다니면서
중생들을 제도하여 해탈시키느니라. 그러므로 그대들은 응당
한결같은 마음으로 관세음보살께 공양해야 하느니라.
관세음보살마하살은 당장 두렵고 위급한

제25 관세음보살보문품

난	지	중		능	시	무	외		시
難	之	中		能	施	無	畏		是
어려울난	어조사지	가운데중		능할능	베풀시	없을무	두려워할외		이시

고		차	사	바	세	계		개	호
故		此	娑	婆	世	界		皆	號
연고고		이차	춤출사	할미 파(바)	세상세	지경계		다개	이름호

지	위		시	무	외	자		무	진
之	爲		施	無	畏	者		無	盡
어조사지	할위		베풀시	없을무	두려워할외	놈자		없을무	다할진

의	보	살		백	불	언		세	존
意	菩	薩		白	佛	言		世	尊
뜻의	보리보	보살살		사뢸백	부처불	말씀언		세상세	높을존

아	금	당	공	양		관	세	음	보
我	今	當	供	養		觀	世	音	菩
나아	이제금	마땅히당	이바지할공	기를양		볼관	세상세	소리음	보리보

환난 속에서도 능히 두려움을 없애주나니, 그리하여 이 사바세계에서는
모두 관세음보살을 '두려움을 없애고 평안을 주시는 분'이라 일컫느니라."
무진의보살이 부처님께 사뢰었다.
"세존이시여, 제가 지금 마땅히 관세음보살께 공양하겠나이다."

살		즉	해	경		중	보	주	영
薩		卽	解	頸		衆	寶	珠	瓔
보살살		곧즉	풀해	목경		무리중	보배보	구슬주	구슬목걸이영

락		가	치	백	천	냥	금		이
珞		價	値	百	千	兩	金		而
구슬목걸이락		값가	값치	일백백	일천천	두냥	쇠금		말이을이

이	여	지		작	시	언		인	자
以	與	之		作	是	言		仁	者
써이	줄여	어조사지		지을작	이시	말씀언		어질인	놈자

수	차	법	시		진	보	영	락
受	此	法	施		珍	寶	瓔	珞
받을수	이차	법법	베풀시		보배진	보배보	구슬목걸이영	구슬목걸이락

시		관	세	음	보	살		불	긍
時		觀	世	音	菩	薩		不	肯
때시		볼관	세상세	소리음	보리보	보살살		아닐불	즐길긍

그리고 얼른 목에 걸었던 온갖 보배구슬로 된 백천 냥짜리
값비싼 영락을 끌러서 관세음보살에게 바치며 말하였다.
"어지신 분이시여! 법공양으로 드리는 이 보배영락을 받아주소서!"
당시 관세음보살이 받지 않고

수	지		무	진	의		부	백	관
受	之		無	盡	意		復	白	觀
받을수	어조사지		없을무	다할진	뜻의		다시부	사뢸백	볼관

세	음	보	살	언		인	자		민
世	音	菩	薩	言		仁	者		愍
세상세	소리음	보리보	보살살	말씀언		어질인	놈자		가엾을민

아	등	고		수	차	영	락		이
我	等	故		受	此	瓔	珞		爾
나아	무리등	연고고		받을수	이차	구슬목걸이영	구슬목걸이락		그이

시		불	고	관	세	음	보	살
時		佛	告	觀	世	音	菩	薩
때시		부처불	알릴고	볼관	세상세	소리음	보리보	보살살

당	민	차		무	진	의	보	살
當	愍	此		無	盡	意	菩	薩
마땅히당	가엾을민	이차		없을무	다할진	뜻의	보리보	보살살

사양하자, 무진의보살이 한 번 더 관세음보살에게 말하였다.
"어지신 분이시여! 저희들을 불쌍히 생각해서라도, 제발 이 영락을 받아주소서!"
그때 부처님께서 관세음보살에게 이르시었다.
"그대는 마땅히 이 무진의보살과

급	사	중		천	룡	야	차		건
及	四	衆		天	龍	夜	叉		乾
및 급	넉 사	무리 중		하늘 천	용 룡	밤 야	깍지낄 차		하늘 건

달	바	아	수	라		가	루	라	긴
闥	婆	阿	修	羅		迦	樓	羅	緊
대궐문 달	할미 파(바)	언덕 아	닦을 수	새그물 라		막을 가	다락 루	새그물 라	긴할 긴

나	라		마	후	라	가		인	비
那	羅		摩	睺	羅	伽		人	非
어찌 나	새그물 라		갈 마	애꾸눈 후	새그물 라	절 가		사람 인	아닐 비

인	등	고		수	시	영	락		즉
人	等	故		受	是	瓔	珞		卽
사람 인	무리 등	연고 고		받을 수	이 시	구슬목걸이 영	구슬목걸이 락		곧 즉

시	관	세	음	보	살		민	제
時	觀	世	音	菩	薩		愍	諸
때 시	볼 관	세상 세	소리 음	보리 보	보살 살		가엾을 민	모든 제

사부대중들 그리고 하늘천신·용·야차와 건달바·아수라·
가루라·긴나라·마후라가 같이 사람인 듯하면서 아닌 이들
모두를 불쌍히 생각해서라도 그 영락을 받도록 하라!"
그러자 즉시 관세음보살은

사	중		급	어	천	룡		인	비
四	衆		及	於	天	龍		人	非
넉사	무리중		및급	어조사어	하늘천	용룡		사람인	아닐비

인	등		수	기	영	락		분	작
人	等		受	其	瓔	珞		分	作
사람인	무리등		받을수	그기	구슬목걸이영	구슬목걸이락		나눌분	지을작

이	분		일	분		봉	석	가	모
二	分		一	分		奉	釋	迦	牟
두이	나눌분		한일	나눌분		받들봉	풀석	막을가	소우는소리모

니	불		일	분		봉	다	보	불
尼	佛		一	分		奉	多	寶	佛
여승니	부처불		한일	나눌분		받들봉	많을다	보배보	부처불

탑		무	진	의		관	세	음	보
塔		無	盡	意		觀	世	音	菩
탑탑		없을무	다할진	뜻의		볼관	세상세	소리음	보리보

여러 사부대중과 하늘천신·용과 그 밖의 사람인 듯하면서 아닌 이들 모두를
불쌍히 생각하여 그 영락을 받았다. 이윽고 영락을 두 몫으로 나누더니
한 몫은 석가모니 부처님께 올리고, 다른 한 몫은 다보 부처님의 탑에 공양 올렸다.
"무진의보살이여! 관세음보살은

살		유	여	시	자	재	신	력
薩		有	如	是	自	在	神	力
보살살		있을유	같을여	이시	스스로자	있을재	신통할신	힘력

유	어	사	바	세	계		이	시
遊	於	娑	婆	世	界		爾	時
놀유	어조사어	춤출사	할미 파(바)	세상세	지경계		그이	때시

무	진	의	보	살		이	게	문	왈
無	盡	意	菩	薩		以	偈	問	曰
없을무	다할진	뜻의	보리보	보살살		써이	게송게	물을문	가로왈

세	존	묘	상	구		아	금	중	문
世	尊	妙	相	具		我	今	重	問
세상세	높을존	묘할묘	모양상	갖출구		나아	이제금	거듭할중	물을문

피		불	자	하	인	연		명	위
彼		佛	子	何	因	緣		名	爲
저피		부처불	아들자	어찌하	인할인	인연연		이름명	할위

이와 같이 자유자재한 신통력을 갖추고, 사바세계를 자유로이 오가며 제도하느니라."
그때 무진의보살이 게송으로 여쭈었다.
　　"아름답고 미묘한 상호를 구족하신 세존이시여!
　　　제가 지금 다시 한 번 여쭈옵건대, 무슨 인연으로 저 부처님 제자를

관	세	음		구	족	묘	상	존	
觀	世	音		具	足	妙	相	尊	
볼관	세상세	소리음		갖출구	족할족	묘할묘	모양상	높을존	

게	답	무	진	의		여	청	관	음
偈	答	無	盡	意		汝	聽	觀	音
게송게	대답할답	없을무	다할진	뜻의		너여	들을청	볼관	소리음

행		선	응	제	방	소		홍	서
行		善	應	諸	方	所		弘	誓
행할행		착할선	응할응	모든제	방위방	곳소		넓을홍	맹세할서

심	여	해		역	겁	부	사	의	
深	如	海		歷	劫	不	思	議	
깊을심	같을여	바다해		지낼역	겁겁	아닐부	생각할사	의논할의	

시	다	천	억	불		발	대	청	정
侍	多	千	億	佛		發	大	淸	淨
모실시	많을다	일천천	억억	부처불		필발	큰대	맑을청	깨끗할정

관세음이라 부르나이까?"
미묘한 상호 구족하신 세존께옵서 게송으로 무진의보살에게 대답하시되,
　"그대는 여러 곳곳마다 감응하는 관음보살의 활동에 대해 새겨들으라. 넓고 큰 서원은 바다처럼 깊나니 헤아릴 수 없도록 오랜 겁 동안 수없이 많은 천억 부처님들 섬기면서 크고 청정한 서원을 세웠느니라.

원		아	위	여	약	설		문	명
願		我	爲	汝	略	說		聞	名
원할원		나아	위할위	너여	대강약	말씀설		들을문	이름명

급	견	신		심	념	불	공	과
及	見	身		心	念	不	空	過
및급	볼견	몸신		마음심	생각할념	아닐불	빌공	지날과

능	멸	제	유	고		가	사	흥	해
能	滅	諸	有	苦		假	使	興	害
능할능	멸할멸	모든제	있을유	괴로울고		거짓가	가령사	일어날흥	해할해

의		추	락	대	화	갱		염	피
意		推	落	大	火	坑		念	彼
뜻의		밀추	떨어질락	큰대	불화	구덩이갱		생각할염	저피

관	음	력		화	갱	변	성	지
觀	音	力		火	坑	變	成	池
볼관	소리음	힘력		불화	구덩이갱	변할변	이룰성	못지

내 그대 위하여 간략히 말하건대 관음보살의 이름을 듣거나 친견하여
마음으로 오로지 생각하고 잊지 않는다면 인생의 모든 고통을 없앨 수 있느니라.
가령 누군가 해칠 마음먹고 불구덩이로 밀어 느닷없이 떨어지게 되었더라도
관세음보살 위신력을 생각한다면 불구덩이가 연못으로 변하며,

혹	표	류	거	해		용	어	제	귀
或	漂	流	巨	海		龍	魚	諸	鬼
혹혹	떠내려갈표	흐를류	클거	바다해		용용	고기어	모든제	귀신귀

난		염	피	관	음	력		파	랑
難		念	彼	觀	音	力		波	浪
어려울난		생각할염	저피	볼관	소리음	힘력		물결파	물결랑

불	능	몰		혹	재	수	미	봉
不	能	沒		或	在	須	彌	峯
아닐불	능할능	빠질몰		혹혹	있을재	모름지기수	두루찰미	봉우리봉

위	인	소	추	타		염	피	관	음
爲	人	所	推	墮		念	彼	觀	音
할위	사람인	바소	밀추	떨어질타		생각할염	저피	볼관	소리음

력		여	일	허	공	주		혹	피
力		如	日	虛	空	住		或	被
힘력		같을여	해일	빌허	빌공	머물주		혹혹	입을피

> 혹 큰 바다에서 표류하다가 용이나 고기·귀신들의 환난을 당해서도
> 관세음보살 위신력을 생각한다면 파도조차 능히 빠뜨릴 수가 없고,
> 게다가 수미산 봉우리에서 누군가 밀어 떨어뜨린대도
> 관세음보살 위신력을 생각한다면 하늘의 해처럼 둥실 떠 있게 되며,

악	인	축		타	락	금	강	산	
惡	人	逐		墮	落	金	剛	山	
악할악	사람인	쫓을축		떨어질타	떨어질락	쇠금	굳셀강	뫼산	

염	피	관	음	력		불	능	손	일
念	彼	觀	音	力		不	能	損	一
생각할염	저피	볼관	소리음	힘력		아닐불	능할능	덜손	한일

모		혹	치	원	적	요		각	집
毛		或	値	怨	賊	繞		各	執
털모		혹혹	만날치	원수원	도둑적	두를요		각각각	잡을집

도	가	해		염	피	관	음	력	
刀	加	害		念	彼	觀	音	力	
칼도	더할가	해할해		생각할염	저피	볼관	소리음	힘력	

함	즉	기	자	심		혹	조	왕	난
咸	卽	起	慈	心		或	遭	王	難
다함	곧즉	일어날기	사랑자	마음심		혹혹	만날조	임금왕	어려울난

또 악한 사람에게 쫓기어 금강산에서 굴러 떨어지게 되었더라도
관세음보살 위신력을 생각한다면 털끝 하나도 다치지 아니하리라.
흉악한 도적들과 맞닥뜨리게 되어 칼을 뽑아 무섭게 해치려 하더라도
관세음보살 위신력을 생각한다면 도적들 스스로 모두 자비심 내어 살려주고,

고		임	형	욕	수	종		염	피
苦		臨	刑	欲	壽	終		念	彼
괴로울고		임할임	형벌형	하고자할욕	목숨수	마칠종		생각할염	저피

관	음	력		도	심	단	단	괴	
觀	音	力		刀	尋	段	段	壞	
볼관	소리음	힘력		칼도	곧심	조각단	조각단	무너질괴	

혹	수	금	가	쇄		수	족	피	추
或	囚	禁	枷	鎖		手	足	被	杻
혹혹	가둘수	금할금	칼가	쇠사슬쇄		손수	발족	입을피	쇠고랑추

계		염	피	관	음	력		석	연
械		念	彼	觀	音	力		釋	然
형틀계		생각할염	저피	볼관	소리음	힘력		풀석	그러할연

득	해	탈		주	저	제	독	약	
得	解	脫		呪	詛	諸	毒	藥	
얻을득	풀해	벗을탈		주문주	저주할저	모든제	독독	약약	

국법에 잘못 걸려 사형 당하게 되었더라도 관세음보살 위신력을 생각한다면
내리치는 칼이 그만 산산조각 부러질 것이며, 행여 구속되어 큰칼을 뒤집어쓴 채
손발이 쇠고랑과 형틀에 묶이게 되었더라도 관세음보살 위신력을 생각한다면
구속에서 저절로 시원스레 풀려나게 되고, 누군가 주문을 외워 저주하거나 온갖 독약으로

소	욕	해	신	자		염	피	관	음
所	欲	害	身	者		念	彼	觀	音
바소	하고자할욕	해할해	몸신	놈자		생각할염	저피	볼관	소리음

력		환	착	어	본	인		혹	우
力		還	著	於	本	人		或	遇
힘력		돌아갈환	붙을착	어조사어	근본본	사람인		혹혹	만날우

악	나	찰		독	룡	제	귀	등	
惡	羅	刹		毒	龍	諸	鬼	等	
악할악	새그물나	절찰		독독	용룡	모든제	귀신귀	무리등	

염	피	관	음	력		시	실	불	감
念	彼	觀	音	力		時	悉	不	敢
생각할염	저피	볼관	소리음	힘력		때시	다실	아닐불	감히감

해		약	악	수	위	요		이	아
害		若	惡	獸	圍	遶		利	牙
해할해		만약약	악할악	짐승수	두를위	두를요		날카로울이	어금니아

몸을 해치려 하더라도 관세음보살 위신력을 생각한다면 해악은 도리어
주문 외웠던 자에게로 가며, 포악한 나찰과 독룡 그리고 여러 귀신 따위들과 맞부딪쳐서도
관세음보살 위신력을 생각한다면 어느 것 하나 감히 덤비지 못할 뿐더러,
어쩌다 사나운 맹수들이 둘러싸고 날카로운 이빨과

조	가	포		염	피	관	음	력	
爪	可	怖		念	彼	觀	音	力	
손톱조	가히 가	두려워할포		생각할염	저 피	볼관	소리 음	힘력	

질	주	무	변	방		완	사	급	복
疾	走	無	邊	方		蚖	蛇	及	蝮
빠를질	달릴주	없을무	가변	방위 방		살무사완	뱀사	및 급	살무사복

갈		기	독	연	화	연		염	피
蠍		氣	毒	煙	火	燃		念	彼
전갈 갈		기운 기	독독	연기 연	불화	사를 연		생각할염	저 피

관	음	력			심	성	자	회	거
觀	音	力			尋	聲	自	迴	去
볼관	소리 음	힘력			찾을심	소리성	스스로자	돌회	갈 거

운	뢰	고	철	전		강	박	주	대
雲	雷	鼓	掣	電		降	雹	澍	大
구름운	우레 뢰	북고	당길 철	번개 전		내릴 강	우박 박	적실 주	큰대

발톱으로 위협하더라도 관세음보살 위신력을 생각한다면 도망치느라 죄다 꽁지 빠지게 달아나며,
살모사나 뱀·전갈의 무서운 독기가 불꽃처럼 치솟으며 위협하더라도
관세음보살 위신력을 생각한다면 염불소리 따라 제풀에 사라지고,
먹구름이 덮이자 천둥 번개 치며 우박과 큰비가 억수같이 퍼붓더라도

우		염	피	관	음	력		응	시
雨		念	彼	觀	音	力		應	時
비 우		생각할 염	저 피	볼 관	소리 음	힘 력		응할 응	때 시

득	소	산		중	생	피	곤	액
得	消	散		衆	生	被	困	厄
얻을 득	사라질 소	흩을 산		무리 중	날 생	입을 피	곤할 곤	액 액

무	량	고	핍	신		관	음	묘	지
無	量	苦	逼	身		觀	音	妙	智
없을 무	헤아릴 량	괴로울 고	닥칠 핍	몸 신		볼 관	소리 음	묘할 묘	슬기 지

력		능	구	세	간	고		구	족
力		能	救	世	間	苦		具	足
힘 력		능할 능	건질 구	세상 세	사이 간	괴로울 고		갖출 구	족할 족

신	통	력		광	수	지	방	편
神	通	力		廣	修	智	方	便
신통할 신	통할 통	힘 력		넓을 광	닦을 수	슬기 지	처방 방	편할 편

관세음보살 위신력을 생각한다면 삽시간에 흩어져 개이리라.
따라서 중생에게 재난이 닥쳐 한량없는 고통이 엄습하더라도
관세음보살의 탁월한 지혜 힘이 능히 세간의 고통을 구제하나니,
모든 신통력 완전히 갖추고 지혜로운 방편 널리 닦아서

시	방	제	국	토		무	찰	불	현
十	方	諸	國	土		無	刹	不	現
열 십(시)	방위 방	모든 제	나라 국	흙 토		없을 무	절 찰	아닐 불	나타날 현

신		종	종	제	악	취		지	옥
身		種	種	諸	惡	趣		地	獄
몸 신		종류 종	종류 종	모든 제	악할 악	향할 취		땅 지	옥 옥

귀	축	생		생	로	병	사	고	
鬼	畜	生		生	老	病	死	苦	
귀신 귀	기를 축	날 생		날 생	늙을 로	병들 병	죽을 사	괴로울 고	

이	점	실	영	멸		진	관	청	정
以	漸	悉	令	滅		眞	觀	淸	淨
써 이	점점 점	다 실	하여금 영	멸할 멸		참 진	볼 관	맑을 청	깨끗할 정

관		광	대	지	혜	관		비	관
觀		廣	大	智	慧	觀		悲	觀
볼 관		넓을 광	큰 대	슬기 지	지혜 혜	볼 관		슬플 비	볼 관

모든 시방세계에 몸을 나타내지 못하는 곳이 없어,
여러 갖가지 악도들 지옥 아귀 축생들의 생로병사
모든 고통들마저 점차로 다 없애주느니라.
진실하게 관하며 청정히 관하고 넓고 큰 지혜로 관할 뿐더러

금	자	관		상	원	상	첨	앙
及	慈	觀		常	願	常	瞻	仰
밎급	사랑 자	볼 관		항상 상	원할 원	항상 상	볼 첨	우러를 앙

무	구	청	정	광		혜	일	파	제
無	垢	淸	淨	光		慧	日	破	諸
없을 무	때 구	맑을 청	깨끗할 정	빛 광		지혜 혜	해 일	깨뜨릴 파	모든 제

암		능	복	재	풍	화		보	명
闇		能	伏	災	風	火		普	明
어두울 암		능할 능	엎드릴 복	재앙 재	바람 풍	불 화		널리 보	밝을 명

조	세	간		비	체	계	뢰	진
照	世	間		悲	體	戒	雷	震
비출 조	세상 세	사이 간		슬플 비	몸 체	지킬 계	우레 뢰	진동할 진

자	의	묘	대	운		주	감	로	법
慈	意	妙	大	雲		澍	甘	露	法
사랑 자	뜻 의	묘할 묘	큰 대	구름 운		적실 주	달 감	이슬 로	법 법

가엾이 보고 인자하게 관하거니 항상 간청드리며 늘 우러러볼지니라.
티끌 한 점 없이 깨끗한 광명의 태양 같은 지혜가 어두운 미혹을 몰아내고
능히 바람과 불의 재앙까지 굴복시켜 널리 세상을 밝게 비추나니, 대비가 근본인 계행은
천둥치듯 준엄하건만 인자한 마음은 큰 구름같이 미묘하여 감로의 법비를 쏟아 부어서

우		멸	제	번	뇌	염		쟁	송
雨		滅	除	煩	惱	焰		諍	訟
비 우		멸할 멸	제할 제	괴로워할 번	괴로워할 뇌	불꽃 염		다툴 쟁	송사할 송

경	관	처		포	외	군	진	중
經	官	處		怖	畏	軍	陣	中
다스릴 경	벼슬 관	곳 처		두려워할 포	두려워할 외	군사 군	진칠 진	가운데 중

염	피	관	음	력		중	원	실	퇴
念	彼	觀	音	力		衆	怨	悉	退
생각할 염	저 피	볼 관	소리 음	힘 력		무리 중	원수 원	다 실	물러날 퇴

산		묘	음	관	세	음		범	음
散		妙	音	觀	世	音		梵	音
흩을 산		묘할 묘	소리 음	볼 관	세상 세	소리 음		깨끗할 범	소리 음

해	조	음		승	피	세	간	음
海	潮	音		勝	彼	世	間	音
바다 해	조수 조	소리 음		수승할 승	저 피	세상 세	사이 간	소리 음

번뇌의 불꽃을 끄게 하느니라. 송사로 다투는 관청에서나 무섭고 두려운 전쟁터에서도
관세음보살 위신력을 생각한다면 수많은 적군들 죄다 물러가며,
미묘한 음성의 관세음보살은 하늘나라 범천의 음성이며
바다조수 같은 음성으로 어느 세상의 소리보다 뛰어난 음성이거늘,

시	고	수	상	념		염	념	물	생
是	故	須	常	念		念	念	勿	生
이시	연고고	모름지기수	항상상	생각할념		생각할염	생각할념	말물	날생

의		관	세	음	정	성		어	고
疑		觀	世	音	淨	聖		於	苦
의심할의		볼관	세상세	소리음	깨끗할정	성인성		어조사어	괴로울고

뇌	사	액		능	위	작	의	호	
惱	死	厄		能	爲	作	依	怙	
괴로워할뇌	죽을사	액액		능할능	할위	지을작	의지할의	믿을호	

구	일	체	공	덕		자	안	시	중
具	一	切	功	德		慈	眼	視	衆
갖출구	한일	모두체	공공	덕덕		사랑자	눈안	볼시	무리중

생		복	취	해	무	량		시	고
生		福	聚	海	無	量		是	故
날생		복복	모일취	바다해	없을무	헤아릴량		이시	연고고

그러므로 모름지기 항상 관세음보살 생각하되
한 생각 찰나도 의심하지 말지니 관세음보살은 청정한 성인으로
고뇌와 죽음의 액난 속에서도 의지처가 되리라. 일체의 공덕을 갖추고
자비한 눈길로 중생을 굽어보아 쌓인 복덕 바다처럼 한량없거늘

응	정	례		이	시		지	지	보
應	頂	禮		爾	時		持	地	菩
응당히 응	정수리 정	예도 례		그 이	때 시		가질 지	땅 지	보리 보

살		즉	종	좌	기		전	백	불
薩		卽	從	座	起		前	白	佛
보살 살		곧 즉	좇을 종	자리 좌	일어날 기		앞 전	사뢸 백	부처 불

언		세	존		약	유	중	생	
言		世	尊		若	有	衆	生	
말씀 언		세상 세	높을 존		만약 약	있을 유	무리 중	날 생	

문	시	관	세	음	보	살	품		자
聞	是	觀	世	音	菩	薩	品		自
들을 문	이 시	볼 관	세상 세	소리 음	보리 보	보살 살	가지 품		스스로 자

재	지	업		보	문	시	현		신
在	之	業		普	門	示	現		神
있을 재	어조사 지	업 업		널리 보	문 문	보일 시	나타날 현		신통할 신

> 그러므로 응당 머리 숙여 예배하여라."
> 그때 지지보살이 자리에서 일어나 부처님 앞으로 나아가 사뢰었다.
> "세존이시여!
> 만약 어떤 중생이 〈관세음보살보문품〉의 자재한 활동과 넓은 문으로 출현하는

통	력	자		당	지	시	인		공
通	力	者		當	知	是	人		功
통할통	힘력	놈자		마땅히당	알지	이시	사람인		공공

덕	불	소		불	설	시	보	문	품
德	不	少		佛	說	是	普	門	品
덕덕	아닐불	적을소		부처불	말씀설	이시	널리보	문문	가지품

시		중	중		팔	만	사	천	중
時		衆	中		八	萬	四	千	衆
때시		무리중	가운데중		여덟팔	일만만	넉사	일천천	무리중

생		개	발	무	등	등		아	뇩
生		皆	發	無	等	等		阿	耨
날생		다개	필발	없을무	같을등	같을등		언덕아	김맬누(뇩)

다	라	삼	먁	삼	보	리	심		
多	羅	三	藐	三	菩	提	心		
많을다	새그물라	석삼	아득할먁(먁)	석삼	보리보	끌제(리)	마음심		

신통력에 대해 들었다면, 마땅히 그 사람의 공덕도 적지 않게 많은 줄 유념해야 되겠습니다."
부처님께서 〈관세음보살보문품〉을 설하셨을 때에,
대중 가운데 팔만사천 중생들이 모두 비할 바 없이
가장 높고 바르며 평등한 깨달음을 이루고자 마음먹었다.

제	이	십	육		다	라	니	품	
第	二	十	六		陀	羅	尼	品	
차례 제	두 이	열 십	여섯 육		비탈질 타(다)	새그물 라	여승 니	가지 품	

이	시		약	왕	보	살		즉	종
爾	時		藥	王	菩	薩		即	從
그 이	때 시		약 약	임금 왕	보리 보	보살 살		곧 즉	좇을 종

좌	기		편	단	우	견		합	장
座	起		偏	袒	右	肩		合	掌
자리 좌	일어날 기		치우칠 편	웃벗어멜 단	오른쪽 우	어깨 견		합할 합	손바닥 장

향	불		이	백	불	언		세	존
向	佛		而	白	佛	言		世	尊
향할 향	부처 불		말 이을 이	사뢸 백	부처 불	말씀 언		세상 세	높을 존

약	선	남	자	선	여	인		유	능
若	善	男	子	善	女	人		有	能
만약 약	착할 선	사내 남	아들 자	착할 선	여자 여	사람 인		있을 유	능할 능

제26 **다라니품**
그때 약왕보살이 곧 자리에서 일어나 옷을 정돈하여
오른쪽 어깨를 드러내고 합장한 채 부처님께 사뢰었다.
"세존이시여! 법화경을 받아 지니는 선남자 선여인이

수	지		법	화	경	자		약	독
受	持		法	華	經	者		若	讀
받을 수	가질 지		법 법	꽃 화	경 경	놈 자		만약 약	읽을 독

송	통	리		약	서	사	경	권
誦	通	利		若	書	寫	經	卷
외울 송	통할 통	통할 리		만약 약	쓸 서	베낄 사	경 경	책 권

득	기	소	복		불	고	약	왕
得	幾	所	福		佛	告	藥	王
얻을 득	몇 기	바 소	복 복		부처 불	알릴 고	약 약	임금 왕

약	유	선	남	자	선	여	인		공
若	有	善	男	子	善	女	人		供
만약 약	있을 유	착할 선	사내 남	아들 자	착할 선	여자 여	사람 인		이바지할 공

양	팔	백	만	억		나	유	타
養	八	百	萬	億		那	由	他
기를 양	여덟 팔	일백 백	일만 만	억 억		어찌 나	말미암을 유	다를 타

경전을 읽고 외우며 뜻에 통달하거나 경책을 베껴 쓴다면
얼마나 많은 복을 얻게 되나이까?"
부처님께서 약왕보살에게 이르시었다.
"만약 어떤 선남자 선여인이 팔백만억 나유타

제26 다라니품

항	하	사	등	제	불		어	여	의
恒	河	沙	等	諸	佛		於	汝	意
항상항	물하	모래사	같을등	모든제	부처불		어조사어	너여	뜻의

운	하		기	소	득	복		영	위
云	何		其	所	得	福		寧	爲
이를운	어찌하		그기	바소	얻을득	복복		어찌영	할위

다	부		심	다	세	존		불	언
多	不		甚	多	世	尊		佛	言
많을다	아닐부		심할심	많을다	세상세	높을존		부처불	말씀언

약	선	남	자	선	여	인		능	어
若	善	男	子	善	女	人		能	於
만약약	착할선	사내남	아들자	착할선	여자여	사람인		능할능	어조사어

시	경		내	지	수	지	일	사	구
是	經		乃	至	受	持	一	四	句
이시	경경		이에내	이를지	받을수	가질지	한일	넉사	글귀구

> 항하 모래알처럼 수많은 부처님들께 공양 올린다면 그대는 어떻게 생각하느냐?
> 그는 과연 얼마나 많은 복을 얻게 되겠느냐?"
> "엄청난 복을 얻게 될 것입니다. 세존이시여!"
> 부처님께서 말씀하셨다. "그렇지만 만약 선남자 선여인이 능히 이 경을 수지하되, 심지어 사구게로 된

게		독	송	해	의		여	설	수
偈		讀	誦	解	義		如	說	修
게송 게		읽을 독	외울 송	풀 해	의미 의		같을 여	말씀 설	닦을 수

행		공	덕	심	다		이	시	
行		功	德	甚	多		爾	時	
행할 행		공 공	덕 덕	심할 심	많을 다		그 이	때 시	

약	왕	보	살		백	불	언		세
藥	王	菩	薩		白	佛	言		世
약 약	임금 왕	보리 보	보살 살		사뢸 백	부처 불	말씀 언		세상 세

존		아	금		당	여	설	법	자
尊		我	今		當	與	說	法	者
높을 존		나 아	이제 금		마땅히 당	줄 여	말씀 설	법 법	놈 자

다	라	니	주		이	수	호	지
陀	羅	尼	呪		以	守	護	之
비탈질 타(다)	새그물 라	여승 니	주문 주		써 이	지킬 수	보호할 호	어조사 지

게송 하나만이라도 읽고 외우며 뜻을 알고 설한 대로 수행한다면
훨씬 더 많은 공덕을 얻게 될 것이니라."
그때 약왕보살이 부처님께 사뢰었다.
"세존이시여! 저는 지금 마땅히 설법하는 자에게 다라니주문을 주어 수호하겠나이다."

즉	설	주	왈		아	니		마	니
卽	說	呪	曰		아	니		마	니
곧 즉	말씀 설	주문 주	가로 왈						

마	네		마	마	네		지	레
마	네		마	마	네		지	레

자	리	제		샤	마		샤	리	다
자	리	제		샤	마		샤	리	다

위		선	제		목	제		목	다
위		선	제		목	제		목	다

리		사	리		아	위	사	리
리		사	리		아	위	사	리

이윽고 곧 주문을 설하니,

    아니 마니 마네 마마네 지레 자리제 샤마
    샤리다위 선제 목제 목다리 사리 아위사리

상리 사리 사예 아사예 아기니 선제 샤리 다라니
아로가바사파자비사니 네비제 아변다라네리제

아	단	다	파	레	수	지		구	구
아	단	다	파	레	수	지		구	구

레		모	구	레		아	라	레	
레		모	구	레		아	라	레	

파	라	레		수	가	차		아	삼
파	라	레		수	가	차		아	삼

마	삼	리		붓	다	비	기	리	질
마	삼	리		붓	다	비	기	리	질

제		달	마	파	리	차	제		승
제		달	마	파	리	차	제		승

아단다파레수지 구구레 모구레 아라레 파라레
수가차 아삼마삼리 붓다비기리질제 달마파리차제

가	녈	구	사	네		바	사	바	사
가	녈	구	사	네		바	사	바	사

수	지		만	다	라		만	다	라
수	지		만	다	라		만	다	라

사	야	다		우	루	다		우	루
사	야	다		우	루	다		우	루

다	교	사	랴		악	사	라		악
다	교	사	랴		악	사	라		악

사	야	다	야		아	바	로		아
사	야	다	야		아	바	로		아

승가녈구사네 바사바사수지 만다라 만다라사야다
우루다 우루다교사랴 악사라 악사야다야 아바로

마	야	나	다	야		세	존		시
摩	耶	那	多	耶		世	尊		是
						세상세	높을존		이시

다	라	니	신	주		육	십	이	억
陀	羅	尼	神	呪		六	十	二	億
비탈질타(다)	새그물라	여승니	신통할신	주문주		여섯육	열십	두이	억억

항	하	사	등		제	불	소	설
恒	河	沙	等		諸	佛	所	說
항상항	물하	모래사	같을등		모든제	부처불	바소	말씀설

약	유	침	훼		차	법	사	자
若	有	侵	毀		此	法	師	者
만약약	있을유	침노할침	헐훼		이차	법법	스승사	놈자

즉	위	침	훼		시	제	불	이
則	爲	侵	毀		是	諸	佛	已
곧즉	할위	침노할침	헐훼		이시	모든제	부처불	어조사이

> 아마야나다야
> "세존이시여! 이 다라니 신주는 육십이억 항하의 모래알처럼 수많은 부처님들께서
> 설하신 것이옵니다. 따라서 만약 누군가 이 법사를 다치게 하거나 비방한다면,
> 이는 곧 그 모든 부처님들을 다치게 하고 비방한 격이 될 것입니다."

시		석	가	모	니	불		찬	약
時		釋	迦	牟	尼	佛		讚	藥
때 시		풀 석	막을 가	소우는소리모	여승 니	부처 불		칭찬할 찬	약 약

왕	보	살	언		선	재	선	재
王	菩	薩	言		善	哉	善	哉
임금 왕	보리 보	보살 살	말씀 언		착할 선	어조사 재	착할 선	어조사 재

약	왕		여	민	념	옹	호		차
藥	王		汝	愍	念	擁	護		此
약 약	임금 왕		너 여	가엾을 민	생각할 념	안을 옹	보호할 호		이 차

법	사	고		설	시	다	라	니
法	師	故		說	是	陀	羅	尼
법 법	스승 사	연고 고		말씀 설	이 시	비탈질 타(다)	새그물 라	여승 니

어	제	중	생		다	소	요	익
於	諸	衆	生		多	所	饒	益
어조사 어	모든 제	무리 중	날 생		많을 다	바 소	넉넉할 요	더할 익

그러자 이때 석가모니 부처님께서 약왕보살을 칭찬하여 말씀하셨다.
"매우 훌륭하도다. 약왕보살이여!
그대가 법사를 어여삐 생각하고 옹호하는 까닭에
다라니를 설하니, 모든 중생들에게 아주 크게 이익되리라."

이	시		용	시	보	살		백	불
爾	時		勇	施	菩	薩		白	佛
그이	때시		날쌘용	베풀시	보리보	보살살		사뢸백	부처불

언		세	존		아	역	위	옹	호
言		世	尊		我	亦	爲	擁	護
말씀언		세상세	높을존		나아	또역	위할위	안을옹	보호할호

독	송	수	지		법	화	경	자	
讀	誦	受	持		法	華	經	者	
읽을독	외울송	받을수	가질지		법법	꽃화	경경	놈자	

설	다	라	니		약	차	법	사	
說	陀	羅	尼		若	此	法	師	
말씀설	비탈질타(다)	새그물라	여승니		만약약	이차	법법	스승사	

득	시	다	라	니		약	야	차	
得	是	陀	羅	尼		若	夜	叉	
얻을득	이시	비탈질타(다)	새그물라	여승니		만약약	밤야	깍지낄차	

그때 용시보살이 부처님께 사뢰었다.
"세존이시여! 저도 또한 법화경을 읽고 외우며 수지하는 자를
옹호하기 위하여 다라니를 설하겠나이다.
만약 법사가 이 다라니를 외워 간직한다면, 야차나

약 若	나 羅	찰 刹		약 若	부 富	단 單	나 那		약 若	
만약 약	새그물 나	절 찰		만약 약	부자 부	홑 단	어찌 나		만약 약	

길 吉	자 蔗		약 若	구 鳩	반 槃	다 茶		약 若	아 餓
길할 길	사탕수수 자		만약 약	비둘기 구	쟁반 반	차 다		만약 약	주릴 아

귀 鬼	등 等		사 伺	구 求	기 其	단 短		무 無	능 能
귀신 귀	무리 등		엿볼 사	구할 구	그 기	짧을 단		없을 무	능할 능

득 得	편 便		즉 卽	어 於	불 佛	전 前		이 而	설 說
얻을 득	편할 편		곧 즉	어조사 어	부처 불	앞 전		말 이을 이	말씀 설

주 呪	왈 曰		자	레		마	하	자	레
주문 주	가로 왈		자	레		마	하	자	레

나찰·부단나·길자·구반다·아귀 따위가 법사의 단점을
찾아내고자 하더라도 감히 틈을 엿볼 수 없게 될 것입니다."
이윽고 부처님 앞에서 주문을 설하니,
 자레 마하자레

제26 다라니품

욱	기		목	기		아	레		아	
욱	기		목	기		아	레		아	

라	바	제		녈	레	제		녈	레
라	바	제		녈	레	제		녈	레

다	바	제		이	지	니		위	지
다	바	제		이	지	니		위	지

니		지	지	니		녈	레	지	니
니		지	지	니		녈	레	지	니

녈	레	지	바	지		세	존		시
녈	레	지	바	지		世	尊		是
						세상 세	높을 존		이 시

옥기 목기 아레 아라바제 녈레제 녈레다바제
이지니 위지니 지지니 녈레지니 녈레지바지

"세존이시여!

다	라	니	신	주		항	하	사	등
陀	羅	尼	神	呪		恒	河	沙	等
비탈질 타(다)	새그물 라	여승 니	신통할 신	주문 주		항상 항	물 하	모래 사	같을 등

제	불	소	설		역	개	수	희
諸	佛	所	說		亦	皆	隨	喜
모든 제	부처 불	바 소	말씀 설		또 역	다 개	따를 수	기쁠 희

약	유	침	훼		차	법	사	자
若	有	侵	毀		此	法	師	者
만약 약	있을 유	침노할 침	헐 훼		이 차	법 법	스승 사	놈 자

즉	위	침	훼		시	제	불	이
則	爲	侵	毀		是	諸	佛	已
곧 즉	할 위	침노할 침	헐 훼		이 시	모든 제	부처 불	어조사 이

이	시		비	사	문	천	왕	호	세
爾	時		毘	沙	門	天	王	護	世
그 이	때 시		도울 비	모래 사	문 문	하늘 천	임금 왕	보호할 호	세상 세

이 다라니 신주는 항하의 모래알처럼 많은 부처님들께서 설하신 것이고,
또한 모두 따라서 기뻐하신 것이옵니다. 그러므로 만약 누군가 이 법사를 다치게 하거나
비방한다면 이는 곧 그 모든 부처님들을 다치게 하고 비방한 바가 될 것입니다."
그때 세상을 수호하는 비사문천왕이

자		백	불	언		세	존		아
者		白	佛	言		世	尊		我
놈자		사뢸 백	부처 불	말씀 언		세상 세	높을 존		나 아

역	위	민	념	중	생		옹	호	차
亦	爲	愍	念	衆	生		擁	護	此
또 역	위할 위	가엾을 민	생각할 념	무리 중	날 생		안을 옹	보호할 호	이 차

법	사	고		설	시	다	라	니
法	師	故		說	是	陀	羅	尼
법 법	스승 사	연고 고		말씀 설	이 시	비탈질 타(다)	새그물 라	여승 니

즉	설	주	왈		아	리		나	리
卽	說	呪	曰		아	리		나	리
곧 즉	말씀 설	주문 주	가로 왈						

노	나	리		아	나	로		나	리
노	나	리		아	나	로		나	리

부처님께 사뢰었다.
"세존이시여! 저도 또한 중생들을 불쌍히 여기며, 법사를 옹호하기 위해 다라니를 설하겠나이다."
곧 주문을 설하니,
    아리 나리 노나리 아나로 나리

구	나	리		세	존		이	시	신
구	나	리		世	尊		以	是	神
				세상 세	높을 존		써 이	이 시	신통할 신

주		옹	호	법	사		아	역	자
呪		擁	護	法	師		我	亦	自
주문 주		안을 옹	보호할 호	법 법	스승 사		나 아	또 역	스스로 자

당	옹	호		지	시	경	자		영
當	擁	護		持	是	經	者		令
마땅히 당	안을 옹	보호할 호		가질 지	이 시	경 경	놈 자		하여금 영

백	유	순	내		무	제	쇠	환	
百	由	旬	內		無	諸	衰	患	
일백 백	유순 유	유순 순	안 내		없을 무	모든 제	쇠할 쇠	근심 환	

이	시		지	국	천	왕		재	차
爾	時		持	國	天	王		在	此
그 이	때 시		가질 지	나라 국	하늘 천	임금 왕		있을 재	이 차

구나리

"세존이시여! 이 신주로써 법사를 옹호할 뿐만 아니라, 또한 저 자신도 직접 법화경 수지하는 자를 옹호하겠나이다. 그래서 그가 머무는 백 유순 영역 안에는 근심이나 재앙 따위가 일절 없도록 하겠나이다."
그때 지국천왕이

제26 다라니품

회	중		여	천	만	억	나	유	타
會	中		與	千	萬	億	那	由	他
모임 회	가운데 중		더불어 여	일천 천	일만 만	억 억	어찌 나	말미암을 유	다를 타

건	달	바	중		공	경	위	요
乾	闥	婆	衆		恭	敬	圍	繞
하늘 건	대궐문 달	할미 파(바)	무리 중		공손할 공	공경할 경	두를 위	두를 요

전	예	불	소		합	장	백	불	언
前	詣	佛	所		合	掌	白	佛	言
앞 전	이를 예	부처 불	곳 소		합할 합	손바닥 장	사뢸 백	부처 불	말씀 언

세	존		아	역	이	다	라	니	신
世	尊		我	亦	以	陀	羅	尼	神
세상 세	높을 존		나 아	또 역	써 이	비탈질 타(다)	새그물 라	여승 니	신통할 신

주		옹	호	지	법	화	경	자
呪		擁	護	持	法	華	經	者
주문 주		안을 옹	보호할 호	가질 지	법 법	꽃 화	경 경	놈 자

그 회상 가운데 있다가 천만억 나유타의 수많은 건달바 무리들에게 공경히 둘러싸인 채,
부처님 계신 데로 나아가 합장하고 부처님께 사뢰었다.
"세존이시여!
저도 다라니 신주로써 법화경 지니는 자를 옹호하겠나이다."

즉	설	주	왈		아	가	네		가
卽	說	呪	曰		아	가	네		가
곧 즉	말씀 설	주문 주	가로 왈						

네		구	리		건	다	리		전
네		구	리		건	다	리		전

다	리		마	등	기		상	구	리
다	리		마	등	기		상	구	리

부	루	사	니		알	디		세	존
부	루	사	니		알	디		世	尊
								세상 세	높을 존

시	다	라	니	신	주		사	십	이
是	陀	羅	尼	神	呪		四	十	二
이 시	비탈질 타(다)	새그물 라	여승 니	신통할 신	주문 주		넉 사	열 십	두 이

곧 주문을 설하니,
　　아가네 가네 구리 건다리 전다리 마등기 상구리 부루사니 알디

"세존이시여! 이 다라니 신주는 사십이억의

제26 다라니품

억		제	불	소	설		약	유	침
億		諸	佛	所	說		若	有	侵
억 억		모든 제	부처 불	바 소	말씀 설		만약 약	있을 유	침노할 침

훼		차	법	사	자		즉	위	침
毀		此	法	師	者		則	爲	侵
헐 훼		이 차	법 법	스승 사	놈 자		곧 즉	할 위	침노할 침

훼		시	제	불	이		이	시	
毀		是	諸	佛	已		爾	時	
헐 훼		이 시	모든 제	부처 불	어조사 이		그 이	때 시	

유	나	찰	녀	등		일	명	남	바
有	羅	刹	女	等		一	名	藍	婆
있을 유	새그물 나	절 찰	여자 녀	무리 등		한 일	이름 명	쪽 남	할미 파(바)

이	명	비	남	바		삼	명	곡	치
二	名	毘	藍	婆		三	名	曲	齒
두 이	이름 명	도울 비	쪽 남	할미 파(바)		석 삼	이름 명	굽을 곡	이 치

모든 부처님들께서 설하신 것이옵니다. 따라서 만약 누군가 이 법사를 다치게 하거나
비방한다면, 이는 곧 그 모든 부처님들을 다치게 하고 비방한 셈이 될 것입니다."
그때 회상 가운데 나찰녀들이 있었다.
첫째 나찰녀 이름은 남바요, 둘째는 비남바요, 셋째는 곡치요,

사	명	화	치		오	명	흑	치
四	名	華	齒		五	名	黑	齒
넉사	이름 명	꽃 화	이 치		다섯 오	이름 명	검을 흑	이 치

육	명	다	발		칠	명	무	염	족
六	名	多	髮		七	名	無	厭	足
여섯 육	이름 명	많을 다	터럭 발		일곱 칠	이름 명	없을 무	싫을 염	족할 족

팔	명	지	영	락	구	명	고	제
八	名	持	瓔	珞	九	名	皐	帝
여덟 팔	이름 명	가질 지	구슬목걸이 영	구슬목걸이 락	아홉 구	이름 명	못 고	임금 제

십	명	탈	일	체	중	생	정	기
十	名	奪	一	切	衆	生	精	氣
열 십	이름 명	빼앗을 탈	한 일	모두 체	무리 중	날 생	정미할 정	기운 기

시	십	나	찰	녀	여	귀	자	모
是	十	羅	刹	女	與	鬼	子	母
이 시	열 십	새그물 나	절 찰	여자 녀	더불어 여	귀신 귀	아들 자	어미 모

넷째는 화치요, 다섯째는 흑치요, 여섯째는 다발이요,
일곱째는 무염족이요, 여덟째는 지영락이요,
아홉째는 고제요, 열째는 탈일체중생정기였다.
그 열 명의 나찰녀들이 귀자모와

병	기	자		급	권	속		구	예
幷	其	子		及	眷	屬		俱	詣
아우를 병	그 기	아들 자		및 급	돌아볼 권	무리 속		함께 구	이를 예

불	소		동	성	백	불	언		세
佛	所		同	聲	白	佛	言		世
부처 불	곳 소		한가지 동	소리 성	사뢸 백	부처 불	말씀 언		세상 세

존		아	등		역	욕	옹	호
尊		我	等		亦	欲	擁	護
높을 존		나 아	무리 등		또 역	하고자할 욕	안을 옹	보호할 호

독	송	수	지		법	화	경	자
讀	誦	受	持		法	華	經	者
읽을 독	외울 송	받을 수	가질 지		법 법	꽃 화	경 경	놈 자

제	기	쇠	환		약	유	사	구
除	其	衰	患		若	有	伺	求
제할 제	그 기	쇠할 쇠	근심 환		만약 약	있을 유	엿볼 사	구할 구

그의 아들 그리고 여러 권속들과 함께,
모두 부처님 계신 데로 나아가 한 목소리로 부처님께 사뢰었다.
"세존이시여! 저희들도 또한 법화경을 읽고 외우며 수지하는 자를 옹호하여
근심과 재앙이 없도록 하겠나이다. 뿐만 아니라 누군가

법	사	단	자		영	부	득	편
法	師	短	者		令	不	得	便
법법	스승사	짧을단	놈자		하여금영	아닐부	얻을득	편할편

즉	어	불	전		이	설	주	왈
卽	於	佛	前		而	說	呪	曰
곧즉	어조사어	부처불	앞전		말이을이	말씀설	주문주	가로왈

이	제	리		이	제	미		이	제
이	제	리		이	제	미		이	제

리		아	제	리		이	제	리
리		아	제	리		이	제	리

니	리		니	리		니	리		니
니	리		니	리		니	리		니

법사의 허물을 찾아내려고 한다면 절대로 틈을 얻지 못하게 하겠나이다."
곧 부처님 앞에서 주문을 설하니,

　　이제리 이제미 이제리 아제리 이제리 니리 니리 니리

리		니	리		루	혜		루	혜
리		니	리		루	혜		루	혜

루	혜		루	혜		다	혜		다
루	혜		루	혜		다	혜		다

혜		다	혜		도	혜		루	혜
혜		다	혜		도	혜		루	혜

영	상	아	두	상		막	뇌	어	법
寧	上	我	頭	上		莫	惱	於	法
차라리 영	오를 상	나 아	머리 두	위 상		말 막	괴롭힐 뇌	어조사 어	법 법

사		약	야	차		약	나	찰	
師		若	夜	叉		若	羅	刹	
스승 사		만약 약	밤 야	깍지낄 차		만약 약	새그물 나	절 찰	

> 니리 니리 루혜 루혜 루혜 루혜 다혜 다혜 다혜 도혜 루혜
>
> "차라리 내 머리 위에 올라타게 할 수는 있을지언정,
> 법사는 괴롭히지 못하게 하오리다. 그래서 야차·나찰·

약	아	귀		약	부	단	나		약
若	餓	鬼		若	富	單	那		若
만약 약	주릴 아	귀신 귀		만약 약	부자 부	홑 단	어찌 나		만약 약

길	자		약	비	타	라		약	건
吉	蔗		若	毘	陀	羅		若	揵
길할 길	사탕수수 자		만약 약	도울 비	비탈질 타	새그물 라		만약 약	불깐소 건

타		약	오	마	륵	가		약	아
馱		若	烏	摩	勒	伽		若	阿
실을 타		만약 약	까마귀 오	갈 마	굴레 륵	절 가		만약 약	언덕 아

발	마	라		약	야	차	길	자
跋	摩	羅		若	夜	叉	吉	蔗
밟을 발	갈 마	새그물 라		만약 약	밤 야	깍지낄 차	길할 길	사탕수수 자

약	인	길	자		약	열	병		약
若	人	吉	蔗		若	熱	病		若
만약 약	사람 인	길할 길	사탕수수 자		만약 약	더울 열	병들 병		만약 약

아귀·부단나·길자·비타라·
건타·오마륵가·아발마라·
야차길자·인길자 또는

제26 다라니품

일	일	약	이	일		약	삼	일	약
一	日	若	二	日		若	三	日	若
한일	날일	만약약	두이	날일		만약약	석삼	날일	만약약

사	일		내	지	칠	일		약	상
四	日		乃	至	七	日		若	常
넉사	날일		이에내	이를지	일곱칠	날일		만약약	항상상

열	병		약	남	형		약	여	형
熱	病		若	男	形		若	女	形
더울열	병들병		만약약	사내남	모양형		만약약	여자여	모양형

약	동	남	형		약	동	녀	형	
若	童	男	形		若	童	女	形	
만약약	아이동	사내남	모양형		만약약	아이동	여자녀	모양형	

내	지	몽	중		역	부	막	뇌	
乃	至	夢	中		亦	復	莫	惱	
이에내	이를지	꿈몽	가운데중		또역	다시부	말막	괴롭힐뇌	

하루나 이틀 사흘 나흘 내지 이레 동안 앓는 열병이든
늘 앓는 열병이든, 혹은 남자 형상이든 여자 형상이든,
어린 동자 형상이든 동녀 형상이든, 그 무엇이든 간에
꿈속에서라도 절대로 법사를 괴롭히지 못하게 하오리다."

즉	어	불	전		이	설	게	언
卽	於	佛	前		而	說	偈	言
곧 즉	어조사 어	부처 불	앞 전		말 이을 이	말씀 설	게송 게	말씀 언

약	불	순	아	주	뇌	란	설	법
若	不	順	我	呪	惱	亂	說	法
만약 약	아닐 불	순할 순	나 아	주문 주	괴롭힐 뇌	어지러울 란	말씀 설	법 법

자		두	파	작	칠	분	여	아
者		頭	破	作	七	分	如	阿
놈 자		머리 두	깨뜨릴 파	지을 작	일곱 칠	나눌 분	같을 여	언덕 아

리	수	지		여	살	부	모	죄
梨	樹	枝		如	殺	父	母	罪
배나무 리	나무 수	가지 지		같을 여	죽일 살	아비 부	어미 모	허물 죄

역	여	압	유	앙		두	칭	기	광
亦	如	壓	油	殃		斗	秤	欺	誑
또 역	같을 여	누를 압	기름 유	재앙 앙		말 두	저울 칭	속일 기	속일 광

이윽고 부처님 앞에서 게송으로 말씀드리기를,
　　만일 우리 주문에 순종하지 않고 설법자를 괴롭힌다면
　　아리수 나뭇가지처럼 머리가 일곱 조각으로 쪼개지되,
　　그 죄는 부모 죽인 죄와 기름 짤 때 속이는 죄 또는 말 저울질로 남을 속인 죄

인		조	달	파	승	죄		범	차
人		調	達	破	僧	罪		犯	此
사람 인		고를 조	통달할 달	깨뜨릴 파	중 승	허물 죄		범할 범	이 차

법	사	자		당	획	여	시	앙	
法	師	者		當	獲	如	是	殃	
법 법	스승 사	놈 자		마땅히 당	얻을 획	같을 여	이 시	재앙 앙	

제	나	찰	녀		설	차	게	이	
諸	羅	刹	女		說	此	偈	已	
모든 제	새그물 나	절 찰	여자 녀		말씀 설	이 차	게송 게	마칠 이	

백	불	언		세	존		아	등	
白	佛	言		世	尊		我	等	
사뢸 백	부처 불	말씀 언		세상 세	높을 존		나 아	무리 등	

역	당	신	자	옹	호		수	지	독
亦	當	身	自	擁	護		受	持	讀
또 역	마땅히 당	몸 신	스스로 자	안을 옹	보호할 호		받을 수	가질 지	읽을 독

조달이 화합승단을 깨뜨린 죄와 같아서,
　법사를 괴롭히는 자는 마땅히 그런 재앙을 받으오리다.
모든 나찰녀들은 이 게송을 읊고 나서 부처님께 사뢰었다.
"세존이시여! 저희들도 마땅히 이 경을

송	수	행		시	경	자		영	득
誦	修	行		是	經	者		令	得
외울송	닦을수	행할행		이시	경경	놈자		하여금영	얻을득

안	은		이	제	쇠	환		소	중
安	隱		離	諸	衰	患		消	衆
편안할안	편안할은		떠날이	모든제	쇠할쇠	근심환		사라질소	무리중

독	약		불	고	제	나	찰	녀
毒	藥		佛	告	諸	羅	刹	女
독독	약약		부처불	알릴고	모든제	새그물나	절찰	여자녀

선	재	선	재		여	등		단	능
善	哉	善	哉		汝	等		但	能
착할선	어조사재	착할선	어조사재		너여	무리등		다만단	능할능

옹	호		수	지	법	화	명	자
擁	護		受	持	法	華	名	者
안을옹	보호할호		받을수	가질지	법법	꽃화	이름명	놈자

수지독송하며 수행하는 법사를 몸으로 직접 옹호하여 안락하게 하겠나이다.
그래서 온갖 근심과 재앙을 입지 않게 하고, 모든 독약도 영향을 미칠 수 없게 하겠나이다."
부처님께서 모든 나찰녀들에게 이르시었다.
"착하고, 착하도다! 너희들이 다만 법화경의 제목만 외우는 자를 옹호한다 해도

복	불	가	량		하	황	옹	호
福	不	可	量		何	況	擁	護
복 복	아닐 불	가히 가	헤아릴 량		어찌 하	하물며 황	안을 옹	보호할 호

구	족	수	지		공	양	경	권
具	足	受	持		供	養	經	卷
갖출 구	족할 족	받을 수	가질 지		이바지할 공	기를 양	경 경	책 권

화	향	영	락		말	향	도	향	소
華	香	瓔	珞		抹	香	塗	香	燒
꽃 화	향기 향	구슬목걸이 영	구슬목걸이 락		가루 말	향기 향	바를 도	향기 향	사를 소

향		번	개	기	악		연	종	종
香		幡	蓋	伎	樂		燃	種	種
향기 향		기 번	덮개 개	재주 기	풍류 악		사를 연	종류 종	종류 종

등		소	등	유	등		제	향	유
燈		酥	燈	油	燈		諸	香	油
등잔 등		연유 소	등잔 등	기름 유	등잔 등		모든 제	향기 향	기름 유

복이 한량없을 텐데, 하물며 경전을 완전히 다 수지하는 자를 옹호하는 복이야 얼마나 많겠느냐!
더욱이 경책에 꽃과 향·영락·가루향·바르는 향·사르는 향·
깃발과 일산 및 악기를 연주해 공양하고,
소등이나 유등 그리고 여러 향유등에 속하는

등		소	마	나	화	유	등		첨
燈		蘇	摩	那	華	油	燈		瞻
등잔 등		차조기 소	갈 마	어찌 나	꽃 화	기름 유	등잔 등		볼 첨

복	화	유	등		바	사	가	화	유
蔔	華	油	燈		婆	師	迦	華	油
무 복	꽃 화	기름 유	등잔 등		할미 파(바)	스승 사	막을 가	꽃 화	기름 유

등		우	발	라	화	유	등		여
燈		優	鉢	羅	華	油	燈		如
등잔 등		넉넉할 우	바리때 발	새그물 라	꽃 화	기름 유	등잔 등		같을 여

시	등	백	천	종		공	양	자
是	等	百	千	種		供	養	者
이 시	무리 등	일백 백	일천 천	종류 종		이바지할 공	기를 양	놈 자

고	제		여	등	급	권	속		응
皐	帝		汝	等	及	眷	屬		應
못 고	임금 제		너 여	무리 등	및 급	돌아볼 권	무리 속		응당히 응

소마나화유등·첨복화유등·바사가화유등·우발라화유등의 각종 등불까지 밝혀서
백천 가지로 공양하는 사람을 옹호하는 복이야 더 말할 것이 있겠느냐!
그러므로 고제야,
너희들과 너희 권속들은

당	옹	호		여	시	법	사		설
當	擁	護		如	是	法	師		說
마땅히 당	안을 옹	보호할 호		같을 여	이 시	법 법	스승 사		말씀 설

시	다	라	니	품	시		육	만	팔
是	陀	羅	尼	品	時		六	萬	八
이 시	비탈질 타(다)	새그물 라	여승 니	가지 품	때 시		여섯 육	일만 만	여덟 팔

천	인		득	무	생	법	인		
千	人		得	無	生	法	忍		
일천 천	사람 인		얻을 득	없을 무	날 생	법 법	참을 인		

응당 이런 법사들을 잘 옹호하도록 하여라."

부처님께서 이 〈다라니품〉을 설하셨을 때에
육만팔천 사람들이 무생법인을 얻었다.

제이십칠	묘	장	엄	왕	본	사	품
第二十七	妙	莊	嚴	王	本	事	品
	묘할 묘	꾸밀 장	엄할 엄	임금 왕	근본 본	일 사	가지 품

이	시		불	고	제	대	중		내
爾	時		佛	告	諸	大	衆		乃
그 이	때 시		부처 불	알릴 고	모든 제	큰 대	무리 중		이에 내

왕	고	세		과	무	량	무	변
往	古	世		過	無	量	無	邊
갈 왕	옛 고	세상 세		지날 과	없을 무	헤아릴 량	없을 무	가 변

불	가	사	의		아	승	기	겁
不	可	思	議		阿	僧	祇	劫
아닐 불	가히 가	생각할 사	의논할 의		언덕 아	중 승	토지신 기	겁 겁

유	불		명	운	뢰	음	수	왕	화
有	佛		名	雲	雷	音	宿	王	華
있을 유	부처 불		이름 명	구름 운	우레 뢰	소리 음	별자리 수	임금 왕	꽃 화

제27 묘장엄왕본사품
그때 부처님께서 모든 대중들에게 이르시었다.
"지나간 옛적 한량없고 그지없으며 이루 헤아릴 수 없도록
머나먼 아승기 겁 이전에 부처님께서 계셨으니, 운뢰음수왕화지

지		다	타	아	가	도		아	라
智		多	陀	阿	伽	度		阿	羅
슬기 지		많을 다	비탈질 타	언덕 아	절 가	건널 도		언덕 아	새그물 라

하		삼	먁	삼	블	타		국	명
訶		三	藐	三	佛	陀		國	名
꾸짖을 가(하)		석 삼	아득할 먁(막)	석 삼	부처 불	비탈질 타		나라 국	이름 명

광	명	장	엄		겁	명	희	견	
光	明	莊	嚴		劫	名	喜	見	
빛 광	밝을 명	꾸밀 장	엄할 엄		겁 겁	이름 명	기쁠 희	볼 견	

피	불	법	중		유	왕		명	묘
彼	佛	法	中		有	王		名	妙
저 피	부처 불	법 법	가운데 중		있을 유	임금 왕		이름 명	묘할 묘

장	엄		기	왕	부	인		명	왈
莊	嚴		其	王	夫	人		名	曰
꾸밀 장	엄할 엄		그 기	임금 왕	사나이 부	사람 인		이름 명	가로 왈

다타아가도(여래) · 아라하(응공) · 삼먁삼불타(정변지)이셨느니라.
세계의 이름은 광명장엄이었으며,
시대의 이름은 희견이었느니라.
그 부처님 시대에 묘장엄왕과 정덕왕비가 살았느니라.

정	덕		유	이	자		일	명	정
淨	德		有	二	子		一	名	淨
깨끗할 정	덕 덕		있을 유	두 이	아들 자		한 일	이름 명	깨끗할 정

장		이	명	정	안		시	이	자
藏		二	名	淨	眼		是	二	子
감출 장		두 이	이름 명	깨끗할 정	눈 안		이 시	두 이	아들 자

유	대	신	력		복	덕	지	혜
有	大	神	力		福	德	智	慧
있을 유	큰 대	신통할 신	힘 력		복 복	덕 덕	슬기 지	지혜 혜

구	수		보	살	소	행	지	도
久	修		菩	薩	所	行	之	道
오랠 구	닦을 수		보리 보	보살 살	바 소	행할 행	어조사 지	길 도

소	위	단	바	라	밀		시	라	바
所	謂	檀	波	羅	蜜		尸	羅	波
바 소	이를 위	단향목 단	물결 파(바)	새그물 라	꿀 밀		주검 시	새그물 라	물결 파(바)

> 그들은 슬하에 두 아들을 두었으니, 바로 정장왕자와 정안왕자였느니라.
> 두 왕자는 큰 신통력과 함께 복덕과 지혜를 구비했으며,
> 오래 전부터 보살이 닦아야 할 수도에 전념했느니라.
> 그래서 보시바라밀·지계바라밀·

라	밀		찬	제	바	라	밀		비
羅	蜜		羼	提	波	羅	蜜		毘
새그물 라	꿀 밀		뒤섞일 찬	끌 제	물결 파(바)	새그물 라	꿀 밀		도울 비
리	야	바	라	밀			선	바	라	밀
梨	耶	波	羅	蜜			禪	波	羅	蜜
배나무 리	어조사 야	물결 파(바)	새그물 라	꿀 밀			고요할 선	물결 파(바)	새그물 라	꿀 밀
반	야	바	라	밀		방	편	바	라
般	若	波	羅	蜜		方	便	波	羅
돌 반	같을 약(야)	물결 파(바)	새그물 라	꿀 밀		처방 방	편할 편	물결 파(바)	새그물 라
밀		자	비	희	사		내	지	삼
蜜		慈	悲	喜	捨		乃	至	三
꿀 밀		사랑 자	슬플 비	기쁠 희	버릴 사		이에 내	이를 지	석 삼
십	칠	품	조	도	법		개	실	명
十	七	品	助	道	法		皆	悉	明
열 십	일곱 칠	가지 품	도울 조	길 도	법 법		다 개	다 실	밝을 명

인욕바라밀・정진바라밀・선바라밀・
반야바라밀・방편바라밀과
자・비・희・사의 사무량심, 심지어
도 닦는 데 필요한 삼십칠조도품에 이르기까지 다 밝게

료	통	달		우	득	보	살		정
了	通	達		又	得	菩	薩		淨
깨달을 료	통할 통	통달할 달		또 우	얻을 득	보리 보	보살 살		깨끗할 정

삼	매		일	성	수	삼	매		정
三	昧		日	星	宿	三	昧		淨
석 삼	어두울 매		해 일	별 성	별자리 수	석 삼	어두울 매		깨끗할 정

광	삼	매		정	색	삼	매		정
光	三	昧		淨	色	三	昧		淨
빛 광	석 삼	어두울 매		깨끗할 정	빛 색	석 삼	어두울 매		깨끗할 정

조	명	삼	매		장	장	엄	삼	매
照	明	三	昧		長	莊	嚴	三	昧
비출 조	밝을 명	석 삼	어두울 매		길 장	꾸밀 장	엄할 엄	석 삼	어두울 매

대	위	덕	장	삼	매		어	차	삼
大	威	德	藏	三	昧		於	此	三
큰 대	위엄 위	덕 덕	감출 장	석 삼	어두울 매		어조사 어	이 차	석 삼

깨달아 통달하였느니라.
또 보살의 정삼매와 일성수삼매·정광삼매·
정색삼매·정조명삼매·장장엄삼매·
대위덕장삼매를 얻어서, 그 모든 삼매에도

매		역	실	통	달		이	시	피
昧		亦	悉	通	達		爾	時	彼
어두울 매		또 역	다 실	통할 통	통달할 달		그 이	때 시	저 피

불		욕	인	도	묘	장	엄	왕	
佛		欲	引	導	妙	莊	嚴	王	
부처 불		하고자할 욕	끌 인	이끌 도	묘할 묘	꾸밀 장	엄할 엄	임금 왕	

급	민	념	중	생	고		설	시	법
及	愍	念	衆	生	故		說	是	法
및 급	가엾을 민	생각할 념	무리 중	날 생	연고 고		말씀 설	이 시	법 법

화	경		시		정	장	정	안	이
華	經		時		淨	藏	淨	眼	二
꽃 화	경 경		때 시		깨끗할 정	감출 장	깨끗할 정	눈 안	두 이

자		도	기	모	소		합	십	지
子		到	其	母	所		合	十	指
아들 자		이를 도	그 기	어미 모	곳 소		합할 합	열 십	손가락 지

환히 통달하였느니라.
그때 운뢰음수왕화지 부처님께서 묘장엄왕을 인도하시고자,
그리고 중생들을 불쌍히 여기시어 법화경을 설법하셨느니라.
그러자 당시 정장왕자와 정안왕자는 얼른 어머니 방으로 가서 열 손가락을 가지런히 모아

조	장		백	언		원	모	왕	예
爪	掌		白	言		願	母	往	詣
손톱 조	손바닥 장		사뢸 백	말씀 언		원할 원	어미 모	갈 왕	이를 예

운	뢰	음	수	왕	화	지	불	소	
雲	雷	音	宿	王	華	智	佛	所	
구름 운	우레 뢰	소리 음	별자리 수	임금 왕	꽃 화	슬기 지	부처 불	곳 소	

아	등		역	당	시	종	친	근	
我	等		亦	當	侍	從	親	近	
나 아	무리 등		또 역	마땅히 당	모실 시	좇을 종	친할 친	가까울 근	

공	양	예	배		소	이	자	하	
供	養	禮	拜		所	以	者	何	
이바지할 공	기를 양	예도 예	절 배		바 소	써 이	놈 자	어찌 하	

차	불		어	일	체	천	인	중	중
此	佛		於	一	切	天	人	衆	中
이 차	부처 불		어조사 어	한 일	모두 체	하늘 천	사람 인	무리 중	가운데 중

합장하며 말하기를,
'어머니! 어서 운뢰음수왕화지 부처님 계신 곳으로 가세요.
저희들도 또한 마땅히 모시고 따라가서 가까이 섬기며 공양 올리고 예배드릴 것입니다.
왜냐하면 지금 부처님께서 모든 하늘천신과 사람들 가운데

설	법	화	경		의	응	청	수	
說	法	華	經		宜	應	聽	受	
말씀 설	법 법	꽃 화	경 경		마땅할 의	응당히 응	들을 청	받을 수	

모	고	자	언		여	부	신	수	외
母	告	子	言		汝	父	信	受	外
어미 모	알릴 고	아들 자	말씀 언		너 여	아비 부	믿을 신	받을 수	바깥 외

도		심	착	바	라	문	법		여
道		深	著	婆	羅	門	法		汝
길 도		깊을 심	붙일 착	할미 파(바)	새그물 라	문 문	법 법		너 여

등	응	왕	백	부		여	공	구	거
等	應	往	白	父		與	共	俱	去
무리 등	응당히 응	갈 왕	사뢸 백	아비 부		더불어 여	함께 공	함께 구	갈 거

정	장	정	안		합	십	지	조	장
淨	藏	淨	眼		合	十	指	爪	掌
깨끗할 정	감출 장	깨끗할 정	눈 안		합할 합	열 십	손가락 지	손톱 조	손바닥 장

법화경을 설하시기 때문이니, 의당 가서 듣고 받아 지녀야 하지 않겠습니까?'
어머니가 왕자들에게 일러 말하되, '너희 아버지는 지금 외도를 믿어서 바라문의 삿된 법에 깊이 빠져 있도다. 그러니 너희들은 응당 아버지한테 먼저 가서 여쭙고 함께 가도록 해야 할 것이니라.'
정장왕자와 정안왕자가 손을 모아 합장한 채

백	모		아	등		시	법	왕	자
白	母		我	等		是	法	王	子
사뢸 백	어미 모		나 아	무리 등		이 시	법 법	임금 왕	아들 자

이	생	차	사	견	가		모	고	자
而	生	此	邪	見	家		母	告	子
말이을 이	날 생	이 차	간사할 사	볼 견	집 가		어미 모	알릴 고	아들 자

언		여	등		당	우	념	여	부
言		汝	等		當	憂	念	汝	父
말씀 언		너 여	무리 등		마땅히 당	근심할 우	생각할 념	너 여	아비 부

위	현	신	변		약	득	견	자
爲	現	神	變		若	得	見	者
할 위	나타날 현	신통할 신	변할 변		만약 약	얻을 득	볼 견	놈 자

심	필	청	정		혹	청	아	등
心	必	淸	淨		或	聽	我	等
마음 심	반드시 필	맑을 청	깨끗할 정		혹 혹	들을 청	나 아	무리 등

어머니께 사뢰었느니라. '저희들은 종교가 다른 집안에 태어나긴 했지만, 사실은 바로 법왕의 아들이옵니다.'
어머니가 두 왕자에게 말하되,
'그렇다면 너희들은 마땅히 너희 아버지를 염려해서라도, 아버지를 위해 신통변화를 나타내 보이도록 하여라.
만약 아버지가 그것을 보신다면 마음이 분명 청정해져서, 우리가

왕	지	불	소		어	시	이	자
往	至	佛	所		於	是	二	子
갈 왕	이를 지	부처 불	곳 소		어조사 어	이 시	두 이	아들 자

염	기	부	고		용	재	허	공
念	其	父	故		踊	在	虛	空
생각할 념	그 기	아비 부	연고 고		뛸 용	있을 재	빌 허	빌 공

고	칠	다	라	수	현	종	종	신
高	七	多	羅	樹	現	種	種	神
높을 고	일곱 칠	많을 다	새그물 라	나무 수	나타날 현	종류 종	종류 종	신통할 신

변		어	허	공	중	행	주	좌
變		於	虛	空	中	行	住	坐
변할 변		어조사 어	빌 허	빌 공	가운데 중	갈 행	머물 주	앉을 좌

와		신	상	출	수	신	하	출
臥		身	上	出	水	身	下	出
누울 와		몸 신	위 상	날 출	물 수	몸 신	아래 하	날 출

부처님 처소로 가는 것을 허락해주시지 않겠느냐?'
이렇게 하여 두 왕자는 아버지인 묘장엄왕을 생각해서 하늘 높이 다라수 나무의 일곱 배나 솟구쳐
올라가 여러 신통변화를 나타내었느니라. 다시 말해 허공 속에서 걷고 서고 앉고 눕는 것은 물론,
몸의 상반신에서 물이 나오게 하는가 하면 하반신에서는 불이 타오르게 하였느니라.

화		신	하	출	수		신	상	출
火		身	下	出	水		身	上	出
불화		몸신	아래하	날출	물수		몸신	위상	날출

화		혹	현	대	신		만	허	공
火		或	現	大	身		滿	虛	空
불화		혹혹	나타날현	큰대	몸신		찰만	빌허	빌공

중		이	부	현	소		소	부	현
中		而	復	現	小		小	復	現
가운데중		말이을이	다시부	나타날현	작을소		작을소	다시부	나타날현

대		어	공	중	멸		홀	연	재
大		於	空	中	滅		忽	然	在
큰대		어조사어	빌공	가운데중	멸할멸		문득홀	그러할연	있을재

지		입	지	여	수		이	수	여
地		入	地	如	水		履	水	如
땅지		들입	땅지	같을여	물수		밟을이	물수	같을여

또 하반신에서 물이 펑펑 쏟아지는가 하면 상반신에서는 불이 타오르게 하였느니라.
그리고 몸을 크게 나타내 허공에 가득 차게 했다가는 다시 작아지며,
작아졌다가는 다시 크게 나타내었느니라. 더욱이 공중에서 사라졌다가는 홀연히 땅에 나타나고,
물에 들어가듯이 땅속으로 잠적하는가 하면 땅 위를 밟듯이 물위를 마음대로 걸어 다녔느니라.

제27 묘장엄왕본사품

지 地		현 現	여 如	시 是	등 等		종 種	종 種	신 神
땅 지		나타날 현	같을 여	이 시	무리 등		종류 종	종류 종	신통할 신

변 變		영 令	기 其	부 父	왕 王		심 心	정 淨	신 信
변할 변		하여금 영	그 기	아비 부	임금 왕		마음 심	깨끗할 정	믿을 신

해 解		시 時	부 父	견 見	자 子		신 神	력 力	여 如
풀 해		때 시	아비 부	볼 견	아들 자		신통할 신	힘 력	같을 여

시 是		심 心	대 大	환 歡	희 喜		득 得	미 未	증 曾
이 시		마음 심	큰 대	기쁠 환	기쁠 희		얻을 득	아닐 미	일찍 증

유 有		합 合	장 掌	향 向	자 子	언 言		여 汝	등 等
있을 유		합할 합	손바닥 장	향할 향	아들 자	말씀 언		너 여	무리 등

이와 같은 갖가지 신통변화들을 나타내어, 부왕의 마음을 청정하게 해서 진실로 믿고 이해하게 하였느니라.
당시 아버지는 왕자들의 신통력이 이와 같이 엄청난 것을 보고는, 마음으로 크게 환희하며
일찍이 없던 희유함을 느끼게 되었느니라. 그리하여 조용히 합장하고 두 아들에게 물었느니라.
'너희들의

사		위	시	수		수	지	제	자
師		爲	是	誰		誰	之	弟	子
스승 사		할 위	이 시	누구 수		누구 수	어조사 지	아우 제	아들 자

이	자	백	언		대	왕		피	운
二	子	白	言		大	王		彼	雲
두 이	아들 자	사뢸 백	말씀 언		큰 대	임금 왕		저 피	구름 운

뢰	음	수	왕	화	지	불		금	재
雷	音	宿	王	華	智	佛		今	在
우레 뢰	소리 음	별자리 수	임금 왕	꽃 화	슬기 지	부처 불		이제 금	있을 재

칠	보		보	리	수	하		법	좌
七	寶		菩	提	樹	下		法	座
일곱 칠	보배 보		보리 보	끝 제(리)	나무 수	아래 하		법 법	자리 좌

상	좌		어	일	체	세	간		천
上	坐		於	一	切	世	間		天
위 상	앉을 좌		어조사 어	한 일	모두 체	세상 세	사이 간		하늘 천

스승은 어느 분이며, 너희들은 대체 누구의 제자냐?'
두 아들이 대답하기를,
'대왕이시여! 저 운뢰음수왕화지 부처님께서 지금
칠보로 된 보리수 밑의 법좌 위에 앉아계신 채, 일체 세간의

제27 묘장엄왕본사품

인	중	중		광	설	법	화	경
人	衆	中		廣	說	法	華	經
사람인	무리중	가운데중		넓을광	말씀설	법법	꽃화	경경

시	아	등	사		아	시	제	자
是	我	等	師		我	是	弟	子
이시	나아	무리등	스승사		나아	이시	아우제	아들자

부	어	자	언		아	금		역	욕
父	語	子	言		我	今		亦	欲
아비부	말씀어	아들자	말씀언		나아	이제금		또역	하고자할욕

견	여	등	사		가	공	구	왕
見	汝	等	師		可	共	俱	往
볼견	너여	무리등	스승사		가히가	함께공	함께구	갈왕

어	시	이	자		종	공	중	하
於	是	二	子		從	空	中	下
어조사어	이시	두이	아들자		좇을종	빌공	가운데중	내릴하

하늘천신과 사람들 가운데에서 널리 법화경을 설하시고 계십니다.
그분이 바로 저희들의 스승이며, 저희들은 그분의 제자이옵니다.'
아버지가 아들에게 말하되, '나도 지금 너희들의 스승을 뵙고 싶으니 같이 가도록 하자!'
이윽고 두 왕자는 공중에서 내려와

도	기	모	소		합	장	백	모
到	其	母	所		合	掌	白	母
이를 도	그 기	어미 모	곳 소		합할 합	손바닥 장	사뢸 백	어미 모

부	왕		금	이	신	해		감	임
父	王		今	已	信	解		堪	任
아비 부	임금 왕		이제 금	이미 이	믿을 신	풀 해		견딜 감	맡길 임

발		아	뇩	다	라	삼	먁	삼	보
發		阿	耨	多	羅	三	藐	三	菩
필 발		언덕 아	김맬 누(뇩)	많을 다	새그물 라	석 삼	아득할 막(먁)	석 삼	보리 보

리	심		아	등	위	부		이	작
提	心		我	等	爲	父		已	作
끌 제(리)	마음 심		나 아	무리 등	위할 위	아비 부		이미 이	지을 작

불	사		원	모	견	청		어	피
佛	事		願	母	見	聽		於	彼
부처 불	일 사		원할 원	어미 모	볼 견	들을 청		어조사 어	저 피

어머니 방으로 가서 합장하고 아뢰기를,
'부왕께서 이제 믿고 이해하시게 되었으니,
충분히 아뇩다라삼먁삼보리심을 내실 만하게 되었습니다.
저희들이 아버지를 위해 불사를 다 했으니, 부디 어머니께서는 저희들이

불	소		출	가	수	도		이	시
佛	所		出	家	修	道		爾	時
부처불	곳소		날출	집가	닦을수	길도		그이	때시

이	자		욕	중	선	기	의		이
二	子		欲	重	宣	其	意		以
두이	아들자		하고자할욕	거듭할중	베풀선	그기	뜻의		써이

게	백	모		원	모	방	아	등
偈	白	母		願	母	放	我	等
게송게	사뢸백	어미모		원할원	어미모	놓을방	나아	무리등

출	가	작	사	문		제	불	심	난
出	家	作	沙	門		諸	佛	甚	難
날출	집가	지을작	모래사	문문		모든제	부처불	심할심	어려울난

치		아	등	수	불	학		여	우
值		我	等	隨	佛	學		如	優
만날치		나아	무리등	따를수	부처불	배울학		같을여	넉넉할우

부처님 계신 곳으로 출가하여 수도하는 것을 허락하여 주시옵소서!'
그때 두 아들은 거듭 그들의 뜻을 펴고자 게송으로써 어머니께 사뢰었느니라.
 '원컨대 어머니께서는 저희가 출가하여 사문이 되도록 내버려두소서!
 모든 부처님 만나기란 매우 어려운 법이니 저희들은 부처님을 따라서 배우겠나이다.

담	발	화		치	불	부	난	시
曇	鉢	華		値	佛	復	難	是
흐릴 담	바리때 발	꽃 화		만날 치	부처 불	다시 부	어려울 난	이 시

탈	제	난	역	난		원	청	아	출
脫	諸	難	亦	難		願	聽	我	出
벗을 탈	모든 제	어려울 난	또 역	어려울 난		원할 원	들을 청	나 아	날 출

가		모	즉	고	언		청	여	출
家		母	即	告	言		聽	汝	出
집 가		어미 모	곧 즉	알릴 고	말씀 언		들을 청	너 여	날 출

가		소	이	자	하		불	난	치
家		所	以	者	何		佛	難	値
집 가		바 소	써 이	놈 자	어찌 하		부처 불	어려울 난	만날 치

고		어	시	이	자		백	부	모
故		於	是	二	子		白	父	母
연고 고		어조사 어	이 시	두 이	아들 자		사뢸 백	아비 부	어미 모

우담발화 꽃 피는 것 보기 어렵지만 부처님 만나 뵙기란 그보다 더 어려우며
여러 환난들도 좀처럼 면하기 어렵나니 제발 저희들의 출가를 허락하여 주소서!'
어머니가 일러 말하기를, '좋다, 너희들의 출가를 허락하노라. 왜냐하면
부처님을 만나 뵙기란 매우 어렵기 때문이니라.' 그러자 두 아들이 부모님께 말씀드리되,

언		선	재	부	모		원	시	왕
言		善	哉	父	母		願	時	往
말씀 언		착할 선	어조사 재	아비 부	어미 모		원할 원	때 시	갈 왕
예		운	뢰	음	수	왕	화	지	불
詣		雲	雷	音	宿	王	華	智	佛
이를 예		구름 운	우레 뢰	소리 음	별자리 수	임금 왕	꽃 화	슬기 지	부처 불
소		친	근	공	양		소	이	자
所		親	近	供	養		所	以	者
곳 소		친할 친	가까울 근	이바지할 공	기를 양		바 소	써 이	놈 자
하		불	난	득	치		여	우	담
何		佛	難	得	値		如	優	曇
어찌 하		부처 불	어려울 난	얻을 득	만날 치		같을 여	넉넉할 우	흐릴 담
발	라	화		우	여	일	안	지	구
鉢	羅	華		又	如	一	眼	之	龜
바리때 발	새그물 라	꽃 화		또 우	같을 여	한 일	눈 안	어조사 지	거북 구

'어머니 아버지, 정말 감사합니다! 그리고 제발 지금 당장이라도
운뢰음수왕화지 부처님 계신 데로 가서 가까이 모시고 공양 좀 올리세요.
왜냐하면 부처님 만나 뵙기가 마치 우담발화 꽃 피는 것을 보는 것과 같이
매우 어렵기 때문입니다. 또 거북이 중의 애꾸눈 거북이가

치	부	목	공		이	아	등		숙
値	浮	木	孔		而	我	等		宿
만날 치	뜰 부	나무 목	구멍 공		말이을 이	나 아	무리 등		묵을 숙

복	심	후		생	치	불	법		시
福	深	厚		生	値	佛	法		是
복 복	깊을 심	두터울 후		날 생	만날 치	부처 불	법 법		이 시

고	부	모		당	청	아	등		영
故	父	母		當	聽	我	等		令
연고 고	아비 부	어미 모		마땅히 당	들을 청	나 아	무리 등		하여금 영

득	출	가		소	이	자	하		제
得	出	家		所	以	者	何		諸
얻을 득	날 출	집 가		바 소	써 이	놈 자	어찌 하		모든 제

불	난	치		시	역	난	우		피
佛	難	値		時	亦	難	遇		彼
부처 불	어려울 난	만날 치		때 시	또 역	어려울 난	만날 우		저 피

우연히 바다에 떠다니는 구멍 뚫린 나무토막을 만나서, 나무구멍 속에 거북이 머리가 쏙 들어가야만 잠시라도 휴식할 수 있는 것과 같이 몹시 만나기 힘든 일이기 때문입니다. 그런데 다행히 저희들은 숙세에 심은 복이 그나마 깊고 두터워서, 부처님 계실 때에 태어나 불법을 만나게 되었습니다. 그러므로 부모님께서는 마땅히 저희들의 출가를 허락해주셔야 합니다. 그 까닭은 누누이 말씀드렸듯이 부처님을 만나 뵙기가 어려울 뿐더러, 공부할 시기

시		묘	장	엄	왕	후	궁		팔
時		妙	莊	嚴	王	後	宮		八
때 시		묘할 묘	꾸밀 장	엄할 엄	임금 왕	뒤 후	집 궁		여덟 팔

만	사	천	인		개	실	감	임	
萬	四	千	人		皆	悉	堪	任	
일만 만	넉 사	일천 천	사람 인		다 개	다 실	견딜 감	맡길 임	

수	지	시	법	화	경		정	안	보
受	持	是	法	華	經		淨	眼	菩
받을 수	가질 지	이 시	법 법	꽃 화	경 경		깨끗할 정	눈 안	보리 보

살		어	법	화	삼	매		구	이
薩		於	法	華	三	昧		久	已
보살 살		어조사 어	법 법	꽃 화	석 삼	어두울 매		오랠 구	이미 이

통	달		정	장	보	살		이	어
通	達		淨	藏	菩	薩		已	於
통할 통	통달할 달		깨끗할 정	감출 장	보리 보	보살 살		이미 이	어조사 어

역시 만나기가 어렵기 때문입니다.'
당시 묘장엄왕의 후궁인 팔만사천 명의 궁녀들도
전부 법화경을 충분히 받아 지닐 만하게 되었느니라.
보살인 정안왕자는 오래 전부터 법화삼매를 통달하였으며, 정장왕자는 이미

무	량	백	천	만	억	겁		통	달
無	量	百	千	萬	億	劫		通	達
없을 무	헤아릴 량	일백 백	일천 천	일만 만	억 억	겁 겁		통할 통	통달할 달

이	제	악	취	삼	매		욕	령	일
離	諸	惡	趣	三	昧		欲	令	一
떠날 이	모든 제	악할 악	향할 취	석 삼	어두울 매		하고자할 욕	하여금 령	한 일

체	중	생		이	제	악	취	고
切	衆	生		離	諸	惡	趣	故
모두 체	무리 중	날 생		떠날 이	모든 제	악할 악	향할 취	연고 고

기	왕	부	인		득	제	불	집	삼
其	王	夫	人		得	諸	佛	集	三
그 기	임금 왕	사나이 부	사람 인		얻을 득	모든 제	부처 불	모일 집	석 삼

매		능	지	제	불	비	밀	지	장
昧		能	知	諸	佛	秘	密	之	藏
어두울 매		능할 능	알 지	모든 제	부처 불	숨길 비	은밀할 밀	어조사 지	곳간 장

한량없는 백천만억 겁 동안에 이제악취삼매를 통달했으니
일체 중생들로 하여금 모든 악도를 벗어나게 하고자 했기 때문이니라.
더욱이 왕의 부인 정덕왕비는 제불집삼매를 얻어서,
능히 여러 부처님들의 비밀한 법장을 다 알 수 있게 되었느니라.

이	자	여	시		이	방	편	력
二	子	如	是		以	方	便	力
두이	아들자	같을여	이시		써이	처방방	편할편	힘력

선	화	기	부		영	심	신	해
善	化	其	父		令	心	信	解
착할선	화할화	그기	아비부		하여금 영	마음 심	믿을 신	풀 해

호	락	불	법		어	시		묘	장
好	樂	佛	法		於	是		妙	莊
좋을호	즐길락	부처불	법법		어조사어	이시		묘할묘	꾸밀 장

엄	왕		여	군	신	권	속	구
嚴	王		與	群	臣	眷	屬	俱
엄할엄	임금 왕		더불어 여	무리 군	신하신	돌아볼 권	무리 속	함께 구

정	덕	부	인		여	후	궁	채	녀
淨	德	夫	人		與	後	宮	采	女
깨끗할 정	덕 덕	사나이 부	사람 인		더불어 여	뒤 후	집 궁	뽑을 채	여자 녀

> 두 아들은 이렇게 방편의 힘으로써 그 아버지를 잘 교화하여,
> 아버지로 하여금 마음으로 믿고 이해하게 했을 뿐 아니라 불법을 좋아하게끔 하였느니라.
> 그리하여 묘장엄왕은 여러 신하들과 권속들을 거느리고
> 정덕왕비는 궁녀들 무리를 거느렸으며,

권	속	구		기	왕	이	자		여
眷	屬	俱		其	王	二	子		與
돌아볼 권	무리 속	함께 구		그 기	임금 왕	두 이	아들 자		더불어 여

사	만	이	천	인	구		일	시	
四	萬	二	千	人	俱		一	時	
넉 사	일만 만	두 이	일천 천	사람 인	함께 구		한 일	때 시	

공	예	불	소		도	이		두	면
共	詣	佛	所		到	已		頭	面
함께 공	이를 예	부처 불	곳 소		이를 도	마칠 이		머리 두	낯 면

예	족		요	불	삼	잡		각	주
禮	足		繞	佛	三	匝		却	住
예도 예	발 족		두를 요	부처 불	석 삼	돌 잡		물러날 각	머물 주

일	면		이	시	피	불		위	왕
一	面		爾	時	彼	佛		爲	王
한 일	방위 면		그 이	때 시	저 피	부처 불		위할 위	임금 왕

두 왕자들은 사만이천 명의 수행원들과 함께 다 같이 부처님 처소로 찾아갔느니라.
도착해서는 모두 머리를 숙여 부처님 발에 절하였고,
부처님 주위를 세 번 돌고 나서 한쪽으로 물러났느니라.
그때 운뢰음수왕화지 부처님께서 왕을 위해

설	법		시	교	리	희		왕	대
說	法		示	教	利	喜		王	大
말씀 설	법 법		보일 시	가르침 교	이로울 리	기쁠 희		임금 왕	큰 대

환	열		이	시		묘	장	엄	왕
歡	悅		爾	時		妙	莊	嚴	王
기쁠 환	기쁠 열		그 이	때 시		묘할 묘	꾸밀 장	엄할 엄	임금 왕

급	기	부	인		해	경	진	주	영
及	其	夫	人		解	頸	眞	珠	瓔
및 급	그 기	사나이 부	사람 인		풀 해	목 경	참 진	구슬 주	구슬목걸이 영

락		가	치	백	천		이	산	불
珞		價	直	百	千		以	散	佛
구슬목걸이 락		값 가	값 치	일백 백	일천 천		써 이	흩을 산	부처 불

상		어	허	공	중		화	성	사
上		於	虛	空	中		化	成	四
위 상		어조사 어	빌 허	빌 공	가운데 중		화할 화	이룰 성	넉 사

설법하셨으니, 법을 보여주어 이롭고 기쁘게 하시자
왕이 크게 기뻐하였느니라. 그때 묘장엄왕과 왕비는
값이 백천 냥이나 되는 진주 목걸이를 풀어서
부처님 위에 뿌려드렸는데, 허공 가운데 네 기둥 달린

주	보	대		대	중		유	대	보
柱	寶	臺		臺	中		有	大	寶
기둥주	보배보	돈대 대		돈대 대	가운데중		있을유	큰 대	보배보

상		부	백	천	만	천	의		기
床		敷	百	千	萬	天	衣		其
평상상		펼부	일백 백	일천 천	일만 만	하늘천	옷의		그기

상	유	불		결	가	부	좌		방
上	有	佛		結	跏	趺	坐		放
위 상	있을유	부처 불		맺을결	책상다리 가	책상다리 부	앉을좌		놓을 방

대	광	명		이	시		묘	장	엄
大	光	明		爾	時		妙	莊	嚴
큰 대	빛 광	밝을명		그이	때 시		묘할묘	꾸밀장	엄할엄

왕		작	시	념			불	신	희	유
王		作	是	念			佛	身	希	有
임금 왕		지을작	이시	생각념			부처불	몸신	드물희	있을유

보배좌대로 변하였느니라. 보배좌대 한가운데 커다란 보배법상이 놓여 있었으며,
백천만 가지나 되는 여러 하늘옷들이 펼쳐져 있었느니라. 그리고 그 위에
운뢰음수왕화지 부처님께서 가부좌를 맺고 앉으시어 찬란하게 큰 광명을 발하고 계셨느니라.
그때 묘장엄왕이 생각하기를, '부처님 몸은 희유할 정도로

단	엄	수	특		성	취	제	일
端	嚴	殊	特		成	就	第	一
단정할 단	엄할 엄	뛰어날 수	특별할 특		이룰 성	이룰 취	차례 제	한 일

미	묘	지	색		시		운	뢰	음
微	妙	之	色		時		雲	雷	音
작을 미	묘할 묘	어조사 지	빛 색		때 시		구름 운	우레 뢰	소리 음

수	왕	화	지	불		고	사	중	언
宿	王	華	智	佛		告	四	衆	言
별자리 수	임금 왕	꽃 화	슬기 지	부처 불		알릴 고	넉 사	무리 중	말씀 언

여	등		견	시	묘	장	엄	왕
汝	等		見	是	妙	莊	嚴	王
너 여	무리 등		볼 견	이 시	묘할 묘	꾸밀 장	엄할 엄	임금 왕

어	아	전		합	장	립	부		차
於	我	前		合	掌	立	不		此
어조사 어	나 아	앞 전		합할 합	손바닥 장	설 립	아닐 부		이 차

단정하시고도 엄숙하시며 뛰어나게 빼어나시어,
제일 아름답고 미묘한 형색을 성취하셨도다!'
당시 운뢰음수왕화지 부처님께서 사부대중에게 이르시되,
'너희들은 묘장엄왕이 내 앞에서 합장하고 서 있는 것을 보고 있느냐?

왕		어	아	법	중		작	비	구
王		於	我	法	中		作	比	丘
임금 왕		어조사 어	나 아	법 법	가운데 중		지을 작	견줄 비	언덕 구

정	근	수	습		조	불	도	법
精	勤	修	習		助	佛	道	法
정미할 정	부지런할 근	닦을 수	익힐 습		도울 조	부처 불	길 도	법 법

당	득	작	불		호	사	라	수	왕
當	得	作	佛		號	娑	羅	樹	王
마땅히 당	얻을 득	지을 작	부처 불		이름 호	춤출 사	새그물 라	나무 수	임금 왕

국	명	대	광		겁	명	대	고	왕
國	名	大	光		劫	名	大	高	王
나라 국	이름 명	큰 대	빛 광		겁 겁	이름 명	큰 대	높을 고	임금 왕

기	사	라	수	왕	불		유	무	량
其	娑	羅	樹	王	佛		有	無	量
그 기	춤출 사	새그물 라	나무 수	임금 왕	부처 불		있을 유	없을 무	헤아릴 량

이 왕은 나의 가르침 안에서 비구가 되어,
불도를 닦는 데 필요한 법을 부지런히 수행하고 익혀서 반드시 성불하리라.
부처님 이름은 사라수왕불이며, 세계의 이름은 대광이고
시대의 이름은 대고왕이니라. 그 사라수왕 부처님 세계에는 한량없는

보	살	중		급	무	량	성	문
菩	薩	衆		及	無	量	聲	聞
보리 보	보살 살	무리 중		및 급	없을 무	헤아릴 량	소리 성	들을 문

기	국	평	정		공	덕	여	시
其	國	平	正		功	德	如	是
그 기	나라 국	평평할 평	바를 정		공 공	덕 덕	같을 여	이 시

기	왕	즉	시		이	국	부	제
其	王	卽	時		以	國	付	弟
그 기	임금 왕	곧 즉	때 시		써 이	나라 국	줄 부	아우 제

여	부	인	이	자		병	제	권	속
與	夫	人	二	子		幷	諸	眷	屬
더불어 여	사나이 부	사람 인	두 이	아들 자		아우를 병	모든 제	돌아볼 권	무리 속

어	불	법	중		출	가	수	도
於	佛	法	中		出	家	修	道
어조사 어	부처 불	법 법	가운데 중		날 출	집 가	닦을 수	길 도

보살대중과 수많은 성문제자들이 있으리라. 또 대광세계는
평탄하고도 반듯하리니, 그의 수행 공덕은 이 정도로 한량없으리라.'
묘장엄왕은 즉시 나라를 아우에게 넘겨주고, 부인과 두 아들
그리고 여러 권속들과 함께 불법에 출가하여 도를 닦았느니라.

왕	출	가	이		어	팔	만	사	천
王	出	家	已		於	八	萬	四	千
임금 왕	날 출	집 가	마칠 이		어조사 어	여덟 팔	일만 만	넉 사	일천 천

세		상	근	정	진		수	행	묘
歲		常	勤	精	進		修	行	妙
해 세		항상 상	부지런할 근	정미할 정	나아갈 진		닦을 수	행할 행	묘할 묘

법	화	경		과	시	이	후		득
法	華	經		過	是	已	後		得
법 법	꽃 화	경 경		지날 과	이 시	이미 이	뒤 후		얻을 득

일	체	정	공	덕	장	엄	삼	매	
一	切	淨	功	德	莊	嚴	三	昧	
한 일	모두 체	깨끗할 정	공 공	덕 덕	꾸밀 장	엄할 엄	석 삼	어두울 매	

즉	승	허	공		고	칠	다	라	수
即	昇	虛	空		高	七	多	羅	樹
곧 즉	오를 승	빌 허	빌 공		높을 고	일곱 칠	많을 다	새그물 라	나무 수

왕은 출가한 뒤 팔만사천 년 동안이나
항상 부지런히 정진하며 묘법연화경을 수행하였느니라.
이윽고 팔만사천 년이 지나서 일체정공덕장엄삼매를 얻게 되자,
이내 다라수 나무의 일곱 배나 되도록 허공 높이 올라가

이	백	불	언		세	존		차	아
而	白	佛	言		世	尊		此	我
말이을 이	사뢸 백	부처 불	말씀 언		세상 세	높을 존		이 차	나 아

이	자		이	작	불	사		이	신
二	子		已	作	佛	事		以	神
두 이	아들 자		이미 이	지을 작	부처 불	일 사		써 이	신통할 신

통	변	화		전	아	사	심		영
通	變	化		轉	我	邪	心		令
통할 통	변할 변	화할 화		구를 전	나 아	간사할 사	마음 심		하여금 영

득	안	주		어	불	법	중		득
得	安	住		於	佛	法	中		得
얻을 득	편안할 안	머물 주		어조사 어	부처 불	법 법	가운데 중		얻을 득

견	세	존		차	이	자	자		시
見	世	尊		此	二	子	者		是
볼 견	세상 세	높을 존		이 차	두 이	아들 자	놈 자		이 시

부처님께 사뢰었느니라.
'세존이시여! 저의 두 아들은 이미 불사를 지어 저를 교화시켰나이다.
즉 신통변화로써 저의 삿된 마음을 불법 가운데 편히 머물게 하였고,
세존을 친견하도록 이끌었나이다. 이 두 아들은

아	선	지	식		위	욕	발	기	
我	善	知	識		爲	欲	發	起	
나아	착할선	알지	알식		위할위	하고자할욕	필발	일어날기	

숙	세	선	근		요	익	아	고	
宿	世	善	根		饒	益	我	故	
묵을숙	세상세	착할선	뿌리근		넉넉할요	더할익	나아	연고고	

내	생	아	가		이	시		운	뢰
來	生	我	家		爾	時		雲	雷
올내	날생	나아	집가		그이	때시		구름운	우레뢰

음	수	왕	화	지	불		고	묘	장
音	宿	王	華	智	佛		告	妙	莊
소리음	별자리수	임금왕	꽃화	슬기지	부처불		알릴고	묘할묘	꾸밀장

엄	왕	언		여	시	여	시		여
嚴	王	言		如	是	如	是		如
엄할엄	임금왕	말씀언		같을여	이시	같을여	이시		같을여

바로 저의 선지식으로, 지난 과거의 선근을 생각나게 하여
저를 이롭게 하려고 일부러 저희 집에 태어난 것이지요?'
그때 운뢰음수왕화지 부처님께서 묘장엄왕에게 이르시되,
'그대의 말이 맞도다!

여	소	언		약	선	남	자	선	여
汝	所	言		若	善	男	子	善	女
너 여	바 소	말씀 언		만약 약	착할 선	사내 남	아들 자	착할 선	여자 여

인		종	선	근	고		세	세	득
人		種	善	根	故		世	世	得
사람 인		심을 종	착할 선	뿌리 근	연고 고		세상 세	세상 세	얻을 득

선	지	식		기	선	지	식		능
善	知	識		其	善	知	識		能
착할 선	알 지	알 식		그 기	착할 선	알 지	알 식		능할 능

작	불	사		시	교	리	희		영
作	佛	事		示	敎	利	喜		令
지을 작	부처 불	일 사		보일 시	가르칠 교	이로울 리	기쁠 희		하여금 영

입	아	뇩	다	라	삼	먁	삼	보	리
入	阿	耨	多	羅	三	藐	三	菩	提
들 입	언덕 아	김맬 누(뇩)	많을 다	새그물 라	석 삼	아득할 막(먁)	석 삼	보리 보	끌 제(리)

> 만약 선남자 선여인이 선근을 심었다면, 그 덕으로
> 세세생생 태어날 적마다 선지식을 만나게 되느니라.
> 그 선지식은 능히 불사를 지어서 보여주고 가르쳐 이롭고 기쁘게 하며,
> 중생으로 하여금 아뇩다라삼먁삼보리에 들어가도록 인도하느니라.

대	왕	당	지		선	지	식	자
大	王	當	知		善	知	識	者
큰 대	임금 왕	마땅히 당	알 지		착할 선	알 지	알 식	놈 자

시	대	인	연		소	위	화	도
是	大	因	緣		所	謂	化	導
이 시	큰 대	인할 인	인연 연		바 소	이를 위	화할 화	이끌 도

영	득	견	불		발	아	뇩	다	라
令	得	見	佛		發	阿	耨	多	羅
하여금 영	얻을 득	볼 견	부처 불		필 발	언덕 아	김맬 누(뇩)	많을 다	새그물 라

삼	막	삼	보	리	심		대	왕
三	藐	三	菩	提	心		大	王
석 삼	아득할 막(먁)	석 삼	보리 보	끌 제(리)	마음 심		큰 대	임금 왕

여	견	차	이	자	부		차	이	자
汝	見	此	二	子	不		此	二	子
너 여	볼 견	이 차	두 이	아들 자	아닐 부		이 차	두 이	아들 자

> 대왕이여! 마땅히 잘 명심할지니, 선지식이란 가장 중요한 인연이니라.
> 이른바 중생을 교화하고 인도하여 부처님을 친견하게 할 뿐더러
> 아뇩다라삼먁삼보리심을 내도록 하느니라.
> 대왕이여, 저 두 왕자가 보이느냐? 두 왕자는

이	증	공	양		육	십	오	백	천
已	曾	供	養		六	十	五	百	千
이미 이	일찍 증	이바지할 공	기를 양		여섯 육	열 십	다섯 오	일백 백	일천 천

만	억		나	유	타		항	하	사
萬	億		那	由	他		恒	河	沙
일만 만	억 억		어찌 나	말미암을 유	다를 타		항상 항	물 하	모래 사

제	불		친	근	공	경		어	제
諸	佛		親	近	恭	敬		於	諸
모든 제	부처 불		친할 친	가까울 근	공손할 공	공경할 경		어조사 어	모든 제

불	소		수	지	법	화	경		민
佛	所		受	持	法	華	經		愍
부처 불	곳 소		받을 수	가질 지	법 법	꽃 화	경 경		가엾을 민

념	사	견	중	생		영	주	정	견
念	邪	見	衆	生		令	住	正	見
생각할 념	간사할 사	볼 견	무리 중	날 생		하여금 영	머물 주	바를 정	볼 견

이미 육십오 백천만억 나유타 항하의 모래알처럼 수없이
많은 부처님들을 공양하였고 가까이 모시면서 공경하였느니라.
더욱이 모든 부처님들 처소에서 법화경을 받아 지녔고,
소견이 삿된 중생들을 가엾이 생각하여 그들로 하여금 정견에 머물도록 하였느니라.'

묘	장	엄	왕		즉	종	허	공	중
妙	莊	嚴	王		卽	從	虛	空	中
묘할 묘	꾸밀 장	엄할 엄	임금 왕		곧 즉	좇을 종	빌 허	빌 공	가운데 중

하		이	백	불	언		세	존	
下		而	白	佛	言		世	尊	
내릴 하		말이을 이	사뢸 백	부처 불	말씀 언		세상 세	높을 존	

여	래	심	희	유		이	공	덕	지
如	來	甚	希	有		以	功	德	智
같을 여	올 래	심할 심	드물 희	있을 유		써 이	공 공	덕 덕	슬기 지

혜	고		정	상	육	계		광	명
慧	故		頂	上	肉	髻		光	明
지혜 혜	연고 고		정수리 정	위 상	고기 육	상투 계		빛 광	밝을 명

현	조		기	안	장	광		이	감
顯	照		其	眼	長	廣		而	紺
나타날 현	비출 조		그 기	눈 안	길 장	넓을 광		말이을 이	감색 감

묘장엄왕이 허공에서 내려와 부처님께 사뢰었느니라.
'세존이시여, 여래께서는 참으로 희유하십니다!
공덕과 지혜로 인해 머리 위 육계에서는
광명이 찬란하거늘, 맑고 커다란 눈동자는

제27 묘장엄왕본사품

청	색		미	간	호	상		백	여
青	色		眉	間	毫	相		白	如
푸를 청	빛 색		눈썹 미	사이 간	터럭 호	모양 상		흰 백	같을 여
가	월		치	백	제	밀		상	유
珂	月		齒	白	齊	密		常	有
흰 옥돌 가	달 월		이 치	흰 백	가지런할 제	빽빽할 밀		항상 상	있을 유
광	명		순	색	적	호		여	빈
光	明		脣	色	赤	好		如	頻
빛 광	밝을 명		입술 순	빛 색	붉을 적	좋을 호		같을 여	자주 빈
바	과		이	시		묘	장	엄	왕
婆	果		爾	時		妙	莊	嚴	王
할미 파(바)	실과 과		그 이	때 시		묘할 묘	꾸밀 장	엄할 엄	임금 왕
찬	탄	불	여	시	등		무	량	백
讚	歎	佛	如	是	等		無	量	百
칭찬할 찬	찬탄할 탄	부처 불	같을 여	이 시	무리 등		없을 무	헤아릴 량	일백 백

질푸른 감청색이고 미간의 백호상은 보름달처럼 새하얀 옥빛으로 눈이 부십니다.
치아는 희고 고르며 틈새 없이 가지런한 데다가 언제나 윤이 나고,
입술색은 또 빈바 열매처럼 붉고도 아름답습니다.'
그때 묘장엄왕은 부처님의 이러한 여러 한량없는

천	만	억	공	덕	이		어	여	래
千	萬	億	功	德	已		於	如	來
일천 천	일만 만	억 억	공 공	덕 덕	마칠 이		어조사 어	같을 여	올 래

전		일	심	합	장		부	백	불
前		一	心	合	掌		復	白	佛
앞 전		한 일	마음 심	합할 합	손바닥 장		다시 부	사뢸 백	부처 불

언		세	존		미	증	유	야
言		世	尊		未	曾	有	也
말씀 언		세상 세	높을 존		아닐 미	일찍 증	있을 유	어조사 야

여	래	지	법		구	족	성	취
如	來	之	法		具	足	成	就
같을 여	올 래	어조사 지	법 법		갖출 구	족할 족	이룰 성	이룰 취

불	가	사	의		미	묘	공	덕
不	可	思	議		微	妙	功	德
아닐 불	가히 가	생각할 사	의논할 의		작을 미	묘할 묘	공 공	덕 덕

백천만억 공덕들을 찬탄하고 나서, 여래 앞에서
다시 일심으로 합장한 채 부처님께 사뢰었느니라.
'세존이시여, 정말 드물고 놀라운 일이옵니다!
여래의 법은 불가사의한 미묘 공덕들을 완벽하게 성취하시어,

교	계	소	행		안	은	쾌	선	
敎	戒	所	行		安	隱	快	善	
가르칠 교	지킬 계	바 소	행할 행		편안할 안	편안할 은	쾌할 쾌	착할 선	

아	종	금	일		불	부	자	수	심
我	從	今	日		不	復	自	隨	心
나 아	좇을 종	이제 금	날 일		아닐 불	다시 부	스스로 자	따를 수	마음 심

행		불	생	사	견		교	만	진
行		不	生	邪	見		憍	慢	瞋
갈 행		아닐 불	날 생	간사할 사	볼 견		교만할 교	거만할 만	성낼 진

에		제	악	지	심		설	시	어
恚		諸	惡	之	心		說	是	語
성낼 에		모든 제	악할 악	어조사 지	마음 심		말씀 설	이 시	말씀 어

이		예	불	이	출		불	고	대
已		禮	佛	而	出		佛	告	大
마칠 이		예도 예	부처 불	말이을 이	날 출		부처 불	알릴 고	큰 대

시행된 가르침과 계율 덕에 지극히 편안하고 즐거우며 안락하옵니다.
따라서 제가 오늘부터 다시는 제멋대로 하지 않겠사오며,
삿된 소견과 교만 그리고 성내는 일 등 여러 나쁜 마음을 먹지 않겠나이다!'
이렇게 말하고서 운뢰음수왕화지 부처님께 예배하고 물러갔느니라."

중		어	의	운	하		묘	장	엄
衆		於	意	云	何		妙	莊	嚴
무리 중		어조사 어	뜻 의	이를 운	어찌 하		묘할 묘	꾸밀 장	엄할 엄

왕		기	이	인	호		금	화	덕
王		豈	異	人	乎		今	華	德
임금 왕		어찌 기	다를 이	사람 인	어조사 호		이제 금	꽃 화	덕 덕

보	살	시		기	정	덕	부	인	
菩	薩	是		其	淨	德	夫	人	
보리 보	보살 살	이 시		그 기	깨끗할 정	덕 덕	사나이 부	사람 인	

금	불	전		광	조	장	엄	상	보
今	佛	前		光	照	莊	嚴	相	菩
이제 금	부처 불	앞 전		빛 광	비출 조	꾸밀 장	엄할 엄	모양 상	보리 보

살	시		애	민	묘	장	엄	왕	
薩	是		哀	愍	妙	莊	嚴	王	
보살 살	이 시		슬플 애	가엾을 민	묘할 묘	꾸밀 장	엄할 엄	임금 왕	

석가모니 부처님께서 다시 대중들에게 이르시었다.
"너희들은 어떻게 생각하느냐? 묘장엄왕이 어찌 다른 사람이겠느냐?
지금의 화덕보살이 바로 그 왕이었느니라.
정덕부인은 지금 부처님 앞에 있는 광조장엄상보살이니, 묘장엄왕과

급	제	권	속	고		어	피	중	생
及	諸	眷	屬	故		於	彼	中	生
및 급	모든 제	돌아볼 권	무리 속	연고 고		어조사 어	저 피	가운데 중	날 생

기	이	자	자		금	약	왕	보	살
其	二	子	者		今	藥	王	菩	薩
그 기	두 이	아들 자	놈 자		이제 금	약 약	임금 왕	보리 보	보살 살

약	상	보	살	시		시	약	왕	약
藥	上	菩	薩	是		是	藥	王	藥
약 약	위 상	보리 보	보살 살	이 시		이 시	약 약	임금 왕	약 약

상	보	살		성	취	여	차		제
上	菩	薩		成	就	如	此		諸
위 상	보리 보	보살 살		이룰 성	이룰 취	같을 여	이 차		모든 제

대	공	덕		이	어	무	량		백
大	功	德		已	於	無	量		百
큰 대	공 공	덕 덕		이미 이	어조사 어	없을 무	헤아릴 량		일백 백

여러 권속들을 가엾이 생각해서 그 나라에 태어났던 것이니라.
그리고 두 왕자는 지금의 약왕보살과 약상보살이니라.
약왕보살과 약상보살은 이렇게
큰 공덕을 성취하여, 이미 한량없는

천	만	억	제	불	소		식	중	덕
千	萬	億	諸	佛	所		植	衆	德
일천 천	일만 만	억 억	모든 제	부처 불	곳 소		심을 식	무리 중	덕 덕

본		성	취	불	가	사	의		제
本		成	就	不	可	思	議		諸
근본 본		이룰 성	이룰 취	아닐 불	가히 가	생각할 사	의논할 의		모든 제

선	공	덕		약	유	인		식	시
善	功	德		若	有	人		識	是
착할 선	공 공	덕 덕		만약 약	있을 유	사람 인		알 식	이 시

이	보	살	명	자	자		일	체	세
二	菩	薩	名	字	者		一	切	世
두 이	보리 보	보살 살	이름 명	글자 자	놈 자		한 일	모두 체	세상 세

간		제	천	인	민		역	응	예
間		諸	天	人	民		亦	應	禮
사이 간		모든 제	하늘 천	사람 인	백성 민		또 역	응당히 응	예도 예

백천만억 부처님들 처소에서 많은 선근을 심었고
불가사의한 여러 훌륭한 공덕들을 성취하였느니라. 따라서 만약
누군가 약왕보살과 약상보살 두 보살의 이름을 잊지 않고 기억한다면,
일체 세간의 모든 하늘천신과 사람들도 또한 마땅히 그에게 예배할 것이니라."

배		불	설	시		묘	장	엄	왕
拜		佛	說	是		妙	莊	嚴	王
절 배		부처 불	말씀 설	이 시		묘할 묘	꾸밀 장	엄할 엄	임금 왕

본	사	품	시		팔	만	사	천	인
本	事	品	時		八	萬	四	千	人
근본 본	일 사	가지 품	때 시		여덟 팔	일만 만	넉 사	일천 천	사람 인

원	진	이	구		어	제	법	중	
遠	塵	離	垢		於	諸	法	中	
멀 원	티끌 진	떠날 이	때 구		어조사 어	모든 제	법 법	가운데 중	

득	법	안	정						
得	法	眼	淨						
얻을 득	법 법	눈 안	깨끗할 정						

부처님께서 이 〈묘장엄왕본사품〉을 설하셨을 때에,
팔만사천 명의 사람들이 번뇌의 티끌을 멀리 하여 죄악의 때를 없애고
모든 법 가운데에서 청정한 법안을 얻었다.

제이십팔			보	현	보	살	권	발	품
第二十八			普	賢	菩	薩	勸	發	品
			널리보	어질현	보리보	보살살	권할권	필발	가지품

이	시		보	현	보	살		이	자
爾	時		普	賢	菩	薩		以	自
그이	때시		널리보	어질현	보리보	보살살		써이	스스로자

재	신	통	력		위	덕	명	문	
在	神	通	力		威	德	名	聞	
있을재	신통할신	통할통	힘력		위엄위	덕덕	이름명	들을문	

여	대	보	살		무	량	무	변	
與	大	菩	薩		無	量	無	邊	
더불어여	큰대	보리보	보살살		없을무	헤아릴량	없을무	가변	

불	가	칭	수		종	동	방	래	
不	可	稱	數		從	東	方	來	
아닐불	가히가	헤아릴칭	셀수		좇을종	동녘동	방위방	올래	

제28 보현보살권발품
그때 자유자재한 신통력과 위엄과 덕망으로 유명한 보현보살이
한량없고 그지없으며 헤아릴 수 없이 많은 대보살들과 함께
동방으로부터 사바세계로 오자,

소	경	제	국		보	개	진	동	
所	經	諸	國		普	皆	震	動	
바 소	지날 경	모든 제	나라 국		널리 보	다 개	진동할 진	움직일 동	

우	보	련	화		작	무	량	백	천
雨	寶	蓮	華		作	無	量	百	千
비 우	보배 보	연꽃 련	꽃 화		지을 작	없을 무	헤아릴 량	일백 백	일천 천

만	억		종	종	기	악		우	여
萬	億		種	種	伎	樂		又	與
일만 만	억 억		종류 종	종류 종	재주 기	풍류 악		또 우	더불어 여

무	수		제	천	룡	야	차		건
無	數		諸	天	龍	夜	叉		乾
없을 무	셀 수		모든 제	하늘 천	용 룡	밤 야	깍지 낄 차		하늘 건

달	바	아	수	라		가	루	라	긴
闥	婆	阿	修	羅		迦	樓	羅	緊
대궐문 달	할미 파(바)	언덕 아	닦을 수	새그물 라		막을 가	다락 루	새그물 라	긴할 긴

지나치는 세계들이 전부 크게 진동하였다. 뿐만 아니라
그 모든 세계들마다 찬란한 보배 연꽃송이들이 꽃비가 되어 하염없이 흩날렸으며,
백천만억이나 되는 한량없는 갖가지 악기들이 저절로 울려 퍼졌다.
또 무수한 하늘천신·용·야차·건달바·아수라·가루라·

나	라		마	후	라	가		인	비
那	羅		摩	睺	羅	伽		人	非
어찌 나	새그물 라		갈 마	애꾸눈 후	새그물 라	절 가		사람 인	아닐 비

인	등		대	중	위	요		각	현
人	等		大	衆	圍	繞		各	現
사람 인	무리 등		큰 대	무리 중	두를 위	두를 요		각각 각	나타날 현

위	덕		신	통	지	력		도	사
威	德		神	通	之	力		到	娑
위엄 위	덕 덕		신통할 신	통할 통	어조사 지	힘 력		이를 도	춤출 사

바	세	계		기	사	굴	산	중	
婆	世	界		耆	闍	崛	山	中	
할미 파(바)	세상 세	지경 계		늙은이 기	화장할 사	우뚝 솟을 굴	뫼 산	가운데 중	

두	면	예		석	가	모	니	불	
頭	面	禮		釋	迦	牟	尼	佛	
머리 두	낯 면	예도 예		풀 석	막을 가	소우는소리 모	여승 니	부처 불	

긴나라·마후라가 같이 사람인 듯하면서 아닌 여러 대중들이
보현보살을 둘러싸고, 각각 위엄과 덕망·신통력 등을 나타내며
사바세계의 영취산 한가운데에 도착하였다.
이윽고 보현보살은 머리 숙여 절하며 석가모니 부처님께 예배드리고,

우 右	요 繞	칠 七	잡 匝		백 白	불 佛	언 言		세 世
오른쪽 우	두를 요	일곱 칠	돌 잡		사뢸 백	부처 불	말씀 언		세상 세
존 尊		아 我	어 於	보 寶	위 威	덕 德	상 上	왕 王	불 佛
높을 존		나 아	어조사 어	보배 보	위엄 위	덕 덕	위 상	임금 왕	부처 불
국 國		요 遙	문 聞	차 此	사 娑	바 婆	세 世	계 界	
나라 국		멀 요	들을 문	이 차	춤출 사	할미 파(바)	세상 세	지경 계	
설 說	법 法	화 華	경 經		여 與	무 無	량 量	무 無	변 邊
말씀 설	법 법	꽃 화	경 경		더불어 여	없을 무	헤아릴 량	없을 무	가 변
백 百	천 千	만 萬	억 億		제 諸	보 菩	살 薩	중 衆	
일백 백	일천 천	일만 만	억 억		모든 제	보리 보	보살 살	무리 중	

오른쪽으로 부처님 주위를 일곱 번 돌고 나서 사뢰었다.
"세존이시여! 제가 보위덕상왕 부처님 세계에 있었는데,
멀리 이 사바세계에서 법화경 연설하는 소리가 아득히 들려왔습니다.
그래서 한량없고 끝없는 백천만억 보살대중들과 함께

공	래	청	수		유	원	세	존
共	來	聽	受		唯	願	世	尊
함께공	올래	들을청	받을수		오직유	원할원	세상세	높을존

당	위	설	지		약	선	남	자	선
當	爲	說	之		若	善	男	子	善
마땅히당	위할위	말씀설	어조사지		만약약	착할선	사내남	아들자	착할선

여	인		어	여	래	멸	후		운
女	人		於	如	來	滅	後		云
여자여	사람인		어조사어	같을여	올래	멸할멸	뒤후		이를운

하	능	득		시	법	화	경		불
何	能	得		是	法	華	經		佛
어찌하	능할능	얻을득		이시	법법	꽃화	경경		부처불

고	보	현	보	살		약	선	남	자
告	普	賢	菩	薩		若	善	男	子
알릴고	널리보	어질현	보리보	보살살		만약약	착할선	사내남	아들자

직접 가르침을 듣고자 이렇게 찾아왔사오니,
세존께서는 부디 저희들을 위해 법문을 설해주시옵소서!
여래께서 열반하신 뒤에는 어떻게 해야 선남자 선여인이 법화경을 만날 수 있겠사옵니까?"
부처님께서 보현보살에게 이르시었다.

선	여	인		성	취	사	법		어
善	女	人		成	就	四	法		於
착할선	여자여	사람인		이룰성	이룰취	넉사	법법		어조사어

여	래	멸	후	당	득	시	법	화
如	來	滅	後	當	得	是	法	華
같을여	올래	멸할멸	뒤후	마땅히당	얻을득	이시	법법	꽃화

경		일	자		위	제	불	호	념
經		一	者		爲	諸	佛	護	念
경경		한일	놈자		할위	모든제	부처불	보호할호	생각할념

이	자		식	중	덕	본		삼	자
二	者		植	衆	德	本		三	者
두이	놈자		심을식	무리중	덕덕	근본본		석삼	놈자

입	정	정	취		사	자		발	구
入	正	定	聚		四	者		發	救
들입	바를정	정할정	모일취		넉사	놈자		필발	건질구

> "선남자 선여인이 다음 네 가지 조항을 성취한다면,
> 여래가 열반한 뒤에도 마땅히 이 법화경을 만나게 되리라.
> 첫째, 모든 부처님들의 가호를 받아야 하며
> 둘째, 많은 덕의 근본인 선근을 심어야 하고 셋째, 정정취에 들어야 하며

일	체	중	생	지	심		선	남	자
一	切	衆	生	之	心		善	男	子
한 일	모두 체	무리 중	날 생	어조사 지	마음 심		착할 선	사내 남	아들 자

선	여	인		여	시	성	취	사	법
善	女	人		如	是	成	就	四	法
착할 선	여자 여	사람 인		같을 여	이 시	이룰 성	이룰 취	넉 사	법 법

어	여	래	멸	후		필	득	시	경
於	如	來	滅	後		必	得	是	經
어조사 어	같을 여	올 래	멸할 멸	뒤 후		반드시 필	얻을 득	이 시	경 경

이	시		보	현	보	살		백	불
爾	時		普	賢	菩	薩		白	佛
그 이	때 시		널리 보	어질 현	보리 보	보살 살		사뢸 백	부처 불

언		세	존		어	후	오	백	세
言		世	尊		於	後	五	百	歲
말씀 언		세상 세	높을 존		어조사 어	뒤 후	다섯 오	일백 백	해 세

넷째, 모든 중생들을 구제하려는 마음을 먹어야 하느니라. 선남자 선여인이 이렇게
네 가지 조항을 성취하게 된다면, 여래가 열반한 뒤에도 반드시 이 경을 만나게 되리라."
그때 보현보살이 부처님께 사뢰었다.
"세존이시여! 여래께서 열반하신 뒤 마지막 오백 년의 말법세상

탁	악	세	중		기	유	수	지
濁	惡	世	中		其	有	受	持
흐릴탁	악할악	세상세	가운데중		그기	있을유	받을수	가질지

시	경	전	자		아	당	수	호
是	經	典	者		我	當	守	護
이시	경경	법전	놈자		나아	마땅히당	지킬수	보호할호

제	기	쇠	환		영	득	안	은
除	其	衰	患		令	得	安	隱
제할제	그기	쇠할쇠	근심환		하여금영	얻을득	편안할안	편안할은

사	무	사	구		득	기	편	자
使	無	伺	求		得	其	便	者
하여금사	없을무	엿볼사	구할구		얻을득	그기	편할편	놈자

약	마			약	마	자		약	마	녀
若	魔			若	魔	子		若	魔	女
만약약	마귀마			만약약	마귀마	아들자		만약약	마귀마	여자녀

> 오탁악세에서 법화경을 수지하는 자가 있다면, 제가 마땅히 그 사람을 수호하겠습니다.
> 이를테면 재앙과 근심을 없애주어 안락하게 할 뿐만 아니라,
> 어떤 것도 감히 그 사람의 허점을 캐내어 틈을 타지 못하게 하겠나이다.
> 그리하여 가령 마왕이나 마왕아들·마녀

약 若 만약 약	마 魔 마귀 마	민 民 백성 민		약 若 만약 약	위 爲 할 위	마 魔 마귀 마	소 所 바 소	착 著 붙일 착	자 者 놈 자
약 若 만약 약	야 夜 밤 야	차 叉 깍지 낄 차		약 若 만약 약	나 羅 새그물 나	찰 刹 절 찰		약 若 만약 약	구 鳩 비둘기 구
반 槃 쟁반 반	다 茶 차 다			약 若 만약 약	비 毘 도울 비	사 舍 집 사	사 闍 화장할 사	약 若 만약 약	길 吉 길할 길
자 蔗 사탕수수 자				약 若 만약 약	부 富 부자 부	단 單 홑 단	나 那 어찌 나	약 若 만약 약	위 韋 다룬가죽 위	타 陀 비탈질 타
라 羅 새그물 라	등 等 무리 등			제 諸 모든 제	뇌 惱 괴롭힐 뇌	인 人 사람 인	자 者 놈 자		개 皆 다 개	부 不 아닐 부

혹은 마왕의 부하나 마귀에 들린 사람
또는 야차·나찰·구반다·비사사·
길자·부단나·위타라 등
사람을 괴롭히는 온갖 잡귀들이

득	편		시	인		약	행	약	립
得	便		是	人		若	行	若	立
얻을 득	편할 편		이 시	사람 인		만약 약	갈 행	만약 약	설 립

독	송	차	경		아	이	시		승
讀	誦	此	經		我	爾	時		乘
읽을 독	외울 송	이 차	경 경		나 아	그 이	때 시		탈 승

육	아	백	상	왕		여	대	보	살
六	牙	白	象	王		與	大	菩	薩
여섯 육	어금니 아	흰 백	코끼리 상	임금 왕		더불어 여	큰 대	보리 보	보살 살

중		구	예	기	소		이	자	현
衆		俱	詣	其	所		而	自	現
무리 중		함께 구	이를 예	그 기	곳 소		말이을 이	스스로 자	나타날 현

신		공	양	수	호		안	위	기
身		供	養	守	護		安	慰	其
몸 신		이바지할 공	기를 양	지킬 수	보호할 호		편안할 안	위로할 위	그 기

절대로 틈을 엿볼 수 없도록 하겠나이다.
그 사람이 걷거나 서서 이 경을 읽고 외우면, 제가 그때 여섯 어금니의
커다란 흰 코끼리를 타고 대보살들과 함께 그 사람 있는 데로 가겠습니다.
그리고는 직접 몸을 나타내어 공양하고 수호해서 그의 마음을 편안하게 위로해주리니,

심		역	위	공	양	법	화	경	고
心		亦	爲	供	養	法	華	經	故
마음 심		또 역	위할 위	이바지할 공	기를 양	법 법	꽃 화	경 경	연고 고

시	인	약	좌		사	유	차	경
是	人	若	坐		思	惟	此	經
이 시	사람 인	만약 약	앉을 좌		생각할 사	생각할 유	이 차	경 경

이	시		아	부	승	백	상	왕
爾	時		我	復	乘	白	象	王
그 이	때 시		나 아	다시 부	탈 승	흰 백	코끼리 상	임금 왕

현	기	인	전		기	인		약	어
現	其	人	前		其	人		若	於
나타날 현	그 기	사람 인	앞 전		그 기	사람 인		만약 약	어조사 어

법	화	경		유	소	망	실		일
法	華	經		有	所	忘	失		一
법 법	꽃 화	경 경		있을 유	바 소	잊을 망	잃을 실		한 일

이것 역시 법화경을 공양하기 위해서 입니다.
또 그 사람이 가만히 앉아서 이 경에 대해 곰곰이 생각할 때에도,
제가 커다란 흰 코끼리를 타고 그 사람 앞에 나타날 것입니다.
그래서 만일 그 사람이 법화경의 한 구절

구	일	게		아	당	교	지		여
句	一	偈		我	當	敎	之		與
글귀 구	한 일	게송 게		나 아	마땅히 당	가르칠 교	어조사 지		더불어 여

공	독	송		환	령	통	리		이
共	讀	誦		還	令	通	利		爾
함께 공	읽을 독	외울 송		돌아올 환	하여금 령	통할 통	통할 리		그 이

시		수	지	독	송		법	화	경
時		受	持	讀	誦		法	華	經
때 시		받을 수	가질 지	읽을 독	외울 송		법 법	꽃 화	경 경

자		득	견	아	신		심	대	환
者		得	見	我	身		甚	大	歡
놈 자		얻을 득	볼 견	나 아	몸 신		심할 심	큰 대	기쁠 환

희		전	부	정	진		이	견	아
喜		轉	復	精	進		以	見	我
기쁠 희		구를 전	다시 부	정미할 정	나아갈 진		써 이	볼 견	나 아

또는 한 게송이라도 잊어버리는 구석이 있거든, 제가 마땅히
가르쳐주며 함께 읽고 외워서 곧 제대로 알고 이해하도록 하겠습니다.
그때 법화경을 수지하여 읽고 외우는 사람은 저의 몸을 보게 되면
크게 기뻐하며 더욱 정진하게 될 것입니다. 저를 본 선근으로 인해

고		즉	득	삼	매		급	다	라
故		卽	得	三	昧		及	陀	羅
연고 고		곧 즉	얻을 득	석 삼	어두울 매		및 급	비탈질 타(다)	새그물 라

니		명	위	선	다	라	니		백
尼		名	爲	旋	陀	羅	尼		百
여승 니		이름 명	할 위	돌 선	비탈질 타(다)	새그물 라	여승 니		일백 백

천	만	억	선	다	라	니		법	음
千	萬	億	旋	陀	羅	尼		法	音
일천 천	일만 만	억 억	돌 선	비탈질 타(다)	새그물 라	여승 니		법 법	소리 음

방	편	다	라	니		득	여	시	등
方	便	陀	羅	尼		得	如	是	等
처방 방	편할 편	비탈질 타(다)	새그물 라	여승 니		얻을 득	같을 여	이 시	무리 등

다	라	니		세	존		약	후	세
陀	羅	尼		世	尊		若	後	世
비탈질 타(다)	새그물 라	여승 니		세상 세	높을 존		만약 약	뒤 후	세상 세

그는 곧 삼매와 다라니를 얻으리니,
소위 선다라니 · 백천만억선다라니 ·
법음방편다라니 등 이러한 다라니들을 얻을 것입니다.
세존이시여! 뒷날 여래께서 열반하신 뒤

후	오	백	세		탁	악	세	중
後	五	百	歲		濁	惡	世	中
뒤 후	다섯 오	일백 백	해 세		흐릴 탁	악할 악	세상 세	가운데 중

비	구	비	구	니	우	바	새	우
比	丘	比	丘	尼	優	婆	塞	優
견줄 비	언덕 구	견줄 비	언덕 구	여승 니	넉넉할 우	할미 파(바)	변방 새	넉넉할 우

바	이		구	색	자		수	지	자
婆	夷		求	索	者		受	持	者
할미 파(바)	오랑캐 이		구할 구	찾을 색	놈 자		받을 수	가질 지	놈 자

독	송	자		서	사	자		욕	수
讀	誦	者		書	寫	者		欲	修
읽을 독	외울 송	놈 자		쓸 서	베낄 사	놈 자		하고자할 욕	닦을 수

습	시	법	화	경		어	삼	칠	일
習	是	法	華	經		於	三	七	日
익힐 습	이 시	법 법	꽃 화	경 경		어조사 어	석 삼	일곱 칠	날 일

마지막 오백 년의 말법세상 오탁악세에서
이 경을 찾아 구해 수지하여 읽고 외우며 베껴 쓰는
비구·비구니·우바새·우바이가
열심히 법화경을 수행하고자 한다면, 삼칠일 동안을

중		응	일	심	정	진		만	삼
中		應	一	心	精	進		滿	三
가운데 중		응당히 응	한 일	마음 심	정미할 정	나아갈 진		찰 만	석 삼

칠	일	이		아	당	승		육	아
七	日	已		我	當	乘		六	牙
일곱 칠	날 일	마칠 이		나 아	마땅히 당	탈 승		여섯 육	어금니 아

백	상		여	무	량	보	살		이
白	象		與	無	量	菩	薩		而
흰 백	코끼리 상		더불어 여	없을 무	헤아릴 량	보리 보	보살 살		말이을 이

자	위	요		이	일	체	중	생	소
自	圍	繞		以	一	切	衆	生	所
스스로 자	두를 위	두를 요		써 이	한 일	모두 체	무리 중	날 생	바 소

희	견	신		현	기	인	전		이
喜	見	身		現	其	人	前		而
기쁠 희	볼 견	몸 신		나타날 현	그 기	사람 인	앞 전		말이을 이

> 응당 한결같은 마음으로 정진해야 할 것입니다.
> 삼칠일을 채우고 나면 제가 마땅히 여섯 어금니의 흰 코끼리를 타고,
> 한량없는 보살들에 둘러싸인 채 일체 중생들이 보기 좋아하는
> 기쁜 모습으로 그 사람 앞에 나타날 것입니다.

제28 보현보살권발품

위	설	법		시	교	리	희		역
爲	說	法		示	敎	利	喜		亦
위할 위	말씀 설	법 법		보일 시	가르칠 교	이로울 리	기쁠 희		또 역

부	여	기		다	라	니	주		득
復	與	其		陀	羅	尼	呪		得
다시 부	줄 여	그 기		비탈질 타(다)	새그물 라	여승 니	주문 주		얻을 득

시	다	라	니	고		무	유	비	인
是	陀	羅	尼	故		無	有	非	人
이 시	비탈질 타(다)	새그물 라	여승 니	연고 고		없을 무	있을 유	아닐 비	사람 인

능	파	괴	자		역	불	위	여	인
能	破	壞	者		亦	不	爲	女	人
능할 능	깨뜨릴 파	무너질 괴	놈 자		또 역	아닐 불	할 위	여자 여	사람 인

지	소	혹	란		아	신		역	자
之	所	惑	亂		我	身		亦	自
어조사 지	바 소	미혹할 혹	어지러울 란		나 아	몸 신		또 역	스스로 자

그 사람을 위해 설법하여 보여주고 가르쳐서 이롭고 기쁘게 할 뿐더러,
또한 다시 그에게 다라니 신주를 주겠습니다. 다라니를 얻은 덕에
사람 아닌 것들이 감히 그를 파괴시키지 못할 것이며,
여인의 유혹에도 어지럽혀지지 않을 것입니다. 게다가 저 자신도

상	호	시	인		유	원	세	존
常	護	是	人		唯	願	世	尊
항상상	보호할호	이시	사람인		오직유	원할원	세상세	높을존

청	아	설	차		다	라	니	주
聽	我	說	此		陀	羅	尼	呪
들을청	나아	말씀설	이차		비탈질 타(다)	새그물 라	여승니	주문주

즉	어	불	전		이	설	주	왈
卽	於	佛	前		而	說	呪	曰
곧즉	어조사어	부처불	앞전		말이을이	말씀설	주문주	가로왈

아	단	지		단	다	바	지		단
아	단	지		단	다	바	지		단

다	바	제		단	다	구	사	례
다	바	제		단	다	구	사	례

> 언제나 그 사람을 직접 보호하겠습니다. 그러니 제발 세존이시여,
> 제가 그 다라니 신주를 설하도록 부디 허락해 주시옵소서!"
> 이윽고 보현보살은 부처님 앞에서 주문을 설하였다.
>   아단지 단다바지 단다바제 단다구사례

제28 보현보살권발품

단다수다례 수다례
단다수다례 수다례

수다라바지 붓다파선
수다라바지 붓다파선

네 살바다라니아바다
네 살바다라니아바다

니 살바바사아바다니
니 살바바사아바다니

수아바다니 상가바리
수아바다니 상가바리

단다수다례 수다례 수다라바지 붓다파선네
살바다라니아바다니 살바바사아바다니 수아바다니 상가바리사니

사	니		샹	가	녈	가	다	니
사	니		샹	가	녈	가	다	니

아	싱	기		샹	가	바	가	지
아	싱	기		샹	가	바	가	지

제	례	아	다	샹	가	도	랴		아
제	례	아	다	샹	가	도	랴		아

랴	제	파	랴	제		살	바	샹	가
랴	제	파	랴	제		살	바	샹	가

삼	마	지	가	란	지		살	바	달
삼	마	지	가	란	지		살	바	달

상가녈가다니 아싱기 상가바가지 제례아다상가도랴
아랴제파랴제 살바상가삼마지가란지 살바달마

제28 보현보살권발품

마	수	파	리	찰	제		살	바	살
마	수	파	리	찰	제		살	바	살

타	루	타	교	사	랴		아	로	가
타	루	타	교	사	랴		아	로	가

지		신	아	비	기	리	지	제
지		신	아	비	기	리	지	제

세	존		약	유	보	살		득	문
世	尊		若	有	菩	薩		得	聞
세상 세	높을 존		만약 약	있을 유	보리 보	보살 살		얻을 득	들을 문

시	다	라	니	자		당	지	보	현
是	陀	羅	尼	者		當	知	普	賢
이 시	비탈질 타(다)	새그물 라	여승 니	놈 자		마땅히 당	알 지	널리 보	어질 현

수파리찰제 살바살타루타교사랴 아로가지 신아비기리지제

"세존이시여!
만약 어떤 보살이든지 이 다라니를 듣게 되거든, 이것은 마땅히 보현의

신	통	지	력		약	법	화	경	
神	通	之	力		若	法	華	經	
신통할 신	통할 통	어조사 지	힘 력		만약 약	법 법	꽃 화	경 경	
행	염	부	제		유	수	지	자	
行	閻	浮	提		有	受	持	者	
행할 행	마을 염	뜰 부	끌 제		있을 유	받을 수	가질 지	놈 자	
응	작	차	념		개	시	보	현	
應	作	此	念		皆	是	普	賢	
응당히 응	지을 작	이 차	생각 념		다 개	이 시	널리 보	어질 현	
위	신	지	력		약	유	수	지	독
威	神	之	力		若	有	受	持	讀
위엄 위	신통할 신	어조사 지	힘 력		만약 약	있을 유	받을 수	가질 지	읽을 독
송		정	억	념	해	기	의	취	
誦		正	憶	念	解	其	義	趣	
외울 송		바를 정	생각할 억	생각할 념	풀 해	그 기	의미 의	뜻 취	

신통력 덕분임을 알아야 할 것입니다.
또 법화경이 사바세계에 퍼져서 수지하는 자가 있게 되는 것도
모두 보현의 위신력 덕택이라 생각해야 할 것입니다.
그리고 누군가 이 경을 수지하여 읽고 외우며 바르게 기억하고 뜻의 본질을 알아

여	설	수	행		당	지	시	인	
如	說	修	行		當	知	是	人	
같을 여	말씀 설	닦을 수	행할 행		마땅히 당	알 지	이 시	사람 인	

행	보	현	행		어	무	량	무	변
行	普	賢	行		於	無	量	無	邊
행할 행	널리 보	어질 현	행할 행		어조사 어	없을 무	헤아릴 량	없을 무	가 변

제	불	소		심	종	선	근		위
諸	佛	所		深	種	善	根		爲
모든 제	부처 불	곳 소		깊을 심	심을 종	착할 선	뿌리 근		할 위

제	여	래		수	마	기	두		약
諸	如	來		手	摩	其	頭		若
모든 제	같을 여	올 래		손 수	만질 마	그 기	머리 두		만약 약

단	서	사		시	인	명	종		당
但	書	寫		是	人	命	終		當
다만 단	쓸 서	베낄 사		이 시	사람 인	목숨 명	마칠 종		마땅히 당

설한 대로 수행한다면, 그 사람은 바로 보현행을 닦고 있음을 명심해야 할 것입니다.
그 사람은 한량없고 그지없는 모든 부처님들 처소에서 선근을 깊이 심은 것이니,
모든 여래들께서 그 사람의 머리를 손으로 쓰다듬어주시는 격이 될 것입니다.
만일 경전을 그냥 베껴 쓰기만 하더라도, 그 사람은 목숨을 마치게 되면

생	도	리	천	상		시	시		팔
生	忉	利	天	上		是	時		八
날생	근심할도	이로울리	하늘천	위상		이시	때시		여덟팔

만	사	천	천	녀		작	중	기	악
萬	四	千	天	女		作	衆	伎	樂
일만만	넉사	일천천	하늘천	여자녀		지을작	무리중	재주기	풍류악

이	래	영	지			기	인	즉	착
而	來	迎	之			其	人	卽	著
말이을이	올래	맞이할영	어조사지			그기	사람인	곧즉	입을착

칠	보	관		어	채	녀	중		오
七	寶	冠		於	采	女	中		娛
일곱칠	보배보	갓관		어조사어	뽑을채	여자녀	가운데중		즐거워할오

락	쾌	락		하	황	수	지	독	송
樂	快	樂		何	況	受	持	讀	誦
즐길락	쾌할쾌	즐길락		어찌하	하물며황	받을수	가질지	읽을독	외울송

마땅히 도리천상에 태어나게 됩니다. 태어날 때에 팔만사천 명의 아름다운
하늘나라 선녀들이 여러 가지 악기들을 연주하며 그 사람을 맞이할 것입니다.
그 사람은 태어나자마자 칠보로 된 보배관을 머리에 쓴 채, 선녀들 속에서 즐거이 노닐며 편안하게 지낼 것입니다.
단순히 경전을 베껴 쓰기만 해도 이 정도이니 하물며 경전을 수지하여 읽고 외우며

정	억	념		해	기	의	취		여
正	憶	念		解	其	義	趣		如
바를 정	생각할 억	생각할 념		풀 해	그 기	의미 의	뜻 취		같을 여

설	수	행		약	유	인		수	지
說	修	行		若	有	人		受	持
말씀 설	닦을 수	행할 행		만약 약	있을 유	사람 인		받을 수	가질 지

독	송		해	기	의	취		시	인
讀	誦		解	其	義	趣		是	人
읽을 독	외울 송		풀 해	그 기	의미 의	뜻 취		이 시	사람 인

명	종		위	천	불	수	수		영
命	終		爲	千	佛	授	手		令
목숨 명	마칠 종		할 위	일천 천	부처 불	줄 수	손 수		하여금 영

불	공	포		불	타	악	취		즉
不	恐	怖		不	墮	惡	趣		卽
아닐 불	두려울 공	두려워할 포		아닐 불	떨어질 타	악할 악	향할 취		곧 즉

바르게 기억하고, 뜻의 본질을 알아 설한 대로 수행하는 사람의 복덕이야 말해 무엇하겠습니까!
만약 누군가 이 경을 수지하여 읽고 외우며 뜻의 본질까지 이해한다면,
그 사람은 목숨을 마칠 때에 천 분이나 되는 부처님들께서 손을 잡아주어
두렵지 않게 할 것입니다. 그리하여 악취에 떨어지지 않게 됨은 물론이고,

왕	도	솔	천	상		미	륵	보	살
往	兜	率	天	上		彌	勒	菩	薩
갈 왕	투구 도	거느릴 솔	하늘 천	위 상		두루찰 미	굴레 륵	보리 보	보살 살

소		미	륵	보	살		유	삼	십
所		彌	勒	菩	薩		有	三	十
곳 소		두루찰 미	굴레 륵	보리 보	보살 살		있을 유	석 삼	열 십

이	상		대	보	살	중		소	공
二	相		大	菩	薩	衆		所	共
두 이	모양 상		큰 대	보리 보	보살 살	무리 중		바 소	함께 공

위	요		유	백	천	만	억		천
圍	繞		有	百	千	萬	億		天
두를 위	두를 요		있을 유	일백 백	일천 천	일만 만	억 억		하늘 천

녀	권	속		이	어	중	생		유
女	眷	屬		而	於	中	生		有
여자 녀	돌아볼 권	무리 속		말이을 이	어조사 어	가운데 중	날 생		있을 유

즉시 도솔천상의 미륵보살 처소로 가서 태어나게 될 것입니다.
미륵보살은 삼십이상을 갖추고 대보살들에게 둘러싸여 계시거늘,
그 사람은 백천만억의 수많은 하늘나라
선녀들 가운데 홀연히 태어나게 될 것입니다.

여	시	등		공	덕	이	익		시
如	是	等		功	德	利	益		是
같을 여	이 시	무리 등		공 공	덕 덕	이로울 이	더할 익		이 시

고	지	자		응	당	일	심	자	서
故	智	者		應	當	一	心	自	書
연고 고	슬기 지	놈 자		응당히 응	마땅히 당	한 일	마음 심	스스로 자	쓸 서

약	사	인	서		수	지	독	송
若	使	人	書		受	持	讀	誦
만약 약	하여금 사	사람 인	쓸 서		받을 수	가질 지	읽을 독	외울 송

정	억	념		여	설	수	행		세
正	憶	念		如	說	修	行		世
바를 정	생각할 억	생각할 념		같을 여	말씀 설	닦을 수	행할 행		세상 세

존	아	금		이	신	통	력	고
尊	我	今		以	神	通	力	故
높을 존	나 아	이제 금		써 이	신통할 신	통할 통	힘 력	연고 고

이와 같은 공덕과 이익이 있으므로, 지혜로운 자는 응당
일심으로 이 경을 본인이 직접 쓰거나 남을 시켜서 쓰게 하고
수지하여 읽고 외우며 바르게 기억하고 설한 대로 수행해야 할 것입니다.
세존이시여! 제가 이제 신통력으로써

수	호	시	경		어	여	래	멸	후
守	護	是	經		於	如	來	滅	後
지킬 수	보호할 호	이 시	경 경		어조사 어	같을 여	올 래	멸할 멸	뒤 후

염	부	제	내		광	령	유	포	
閻	浮	提	內		廣	令	流	布	
마을 염	뜰 부	끌 제	안 내		넓을 광	하여금 령	흐를 유	베풀 포	

사	부	단	절		이	시		석	가
使	不	斷	絕		爾	時		釋	迦
하여금 사	아닐 부	끊을 단	끊을 절		그 이	때 시		풀 석	막을 가

모	니	불		찬	언	선	재	선	재
牟	尼	佛		讚	言	善	哉	善	哉
소우는소리 모	여승 니	부처 불		칭찬할 찬	말씀 언	착할 선	어조사 재	착할 선	어조사 재

보	현		여	능	호	조	시	경
普	賢		汝	能	護	助	是	經
널리 보	어질 현		너 여	능할 능	보호할 호	도울 조	이 시	경 경

이 경을 수호하여, 여래께서 열반하신 뒤에도
사바세계에 널리 유포시켜서 절대로 끊어지지 않도록 하겠습니다."
그때 석가모니 부처님께서 보현보살을 칭찬하여 말씀하셨다.
"장하고 장하도다, 보현보살이여! 그대가 이 경을 지키고 도와서

영	다	소	중	생		안	락	이	익
令	多	所	衆	生		安	樂	利	益
하여금 영	많을 다	바 소	무리 중	날 생		편안할 안	즐길 락	이로울 이	더할 익

여	이	성	취		불	가	사	의	공
汝	已	成	就		不	可	思	議	功
너 여	이미 이	이룰 성	이룰 취		아닐 불	가히 가	생각할 사	의논할 의	공 공

덕		심	대	자	비		종	구	원
德		深	大	慈	悲		從	久	遠
덕 덕		깊을 심	큰 대	사랑 자	슬플 비		좇을 종	오랠 구	멀 원

래		발	아	뇩	다	라	삼	막	삼
來		發	阿	耨	多	羅	三	藐	三
올 래		필 발	언덕 아	김맬 누(뇩)	많을 다	새그물 라	석 삼	아득할 막(먁)	석 삼

보	리	의		이	능	작	시		신
菩	提	意		而	能	作	是		神
보리 보	끝 제(리)	뜻 의		말이을 이	능할 능	지을 작	이 시		신통할 신

많은 중생들을 안락하게 하고 이롭게 하니,
그대는 이미 불가사의한 크나큰 공덕과 깊고 큰 자비심을 성취한 셈이로다.
오랜 옛적부터 아뇩다라삼먁삼보리의 뜻을 펼쳐왔으며,
그래서 이렇게 능히

통	지	원		수	호	시	경		아
通	之	願		守	護	是	經		我
통할통	어조사지	원할원		지킬수	보호할호	이시	경경		나아

당	이	신	통	력		수	호	능	수
當	以	神	通	力		守	護	能	受
마땅히당	써이	신통할신	통할통	힘력		지킬수	보호할호	능할능	받을수

지		보	현	보	살	명	자		보
持		普	賢	菩	薩	名	者		普
가질지		널리보	어질현	보리보	보살살	이름명	놈자		널리보

현		약	유	수	지	독	송		정
賢		若	有	受	持	讀	誦		正
어질현		만약약	있을유	받을수	가질지	읽을독	외울송		바를정

억	념		수	습	서	사		시	법
憶	念		修	習	書	寫		是	法
생각할억	생각할념		닦을수	익힐습	쓸서	베낄사		이시	법법

신통의 원력을 세워 이 경을 지키고 보호하려 하니 참으로 훌륭하도다.
따라서 나도 마땅히 보현보살 이름을 염불하는 사람들을 신통력으로써 수호하리라.
보현보살이여!
이 법화경을 수지하여 읽고 외우며 바르게 기억하여 수행하고 익히며 베껴 쓰는 자가 있다면,

화	경	자		당	지	시	인		즉
華	經	者		當	知	是	人		則
꽃화	경경	놈자		마땅히 당	알지	이시	사람인		곧즉

견	석	가	모	니	불		여	종	불
見	釋	迦	牟	尼	佛		如	從	佛
볼견	풀석	막을 가	소우는소리 모	여승 니	부처 불		같을 여	좇을 종	부처 불

구		문	차	경	전		당	지	시
口		聞	此	經	典		當	知	是
입구		들을문	이차	경경	법전		마땅히 당	알지	이시

인		공	양	석	가	모	니	불	
人		供	養	釋	迦	牟	尼	佛	
사람 인		이바지할공	기를 양	풀석	막을 가	소우는소리모	여승 니	부처 불	

당	지	시	인		불	찬	선	재	
當	知	是	人		佛	讚	善	哉	
마땅히 당	알지	이시	사람 인		부처 불	칭찬할 찬	착할 선	어조사 재	

마땅히 잘 명심하여라. 그 사람은 석가모니 부처님을 친견하고,
부처님 입으로부터 직접 이 경전을 들은 것과 마찬가지니라.
또 그 사람은 석가모니 부처님께 공양하는 셈이 되며,
부처님께서 착하다고 칭찬해주시는 것과 다름없느니라.

당	지	시	인		위	석	가	모	니
當	知	是	人		爲	釋	迦	牟	尼
마땅히 당	알지	이시	사람인		할위	풀석	막을가	소우는소리모	여승니

불		수	마	기	두		당	지	시
佛		手	摩	其	頭		當	知	是
부처불		손수	만질마	그기	머리두		마땅히 당	알지	이시

인		위	석	가	모	니	불		의
人		爲	釋	迦	牟	尼	佛		衣
사람인		할위	풀석	막을가	소우는소리모	여승니	부처불		옷의

지	소	부		여	시	지	인		불
之	所	覆		如	是	之	人		不
어조사지	바소	덮을부		같을여	이시	어조사지	사람인		아닐불

부	탐	착	세	락		불	호	외	도
復	貪	著	世	樂		不	好	外	道
다시부	탐할탐	붙일착	세상세	즐길락		아닐불	좋을호	바깥외	길도

더욱이 석가모니 부처님께서
손으로 그 사람의 머리를 쓰다듬어주시고,
옷자락으로 몸소 감싸주시는 격이 되느니라.
그러한 사람은 두 번 다시 세속 즐거움에 탐착하지 않으며, 외도의

경	서	수	필		역	부	불	희
經	書	手	筆		亦	復	不	喜
경경	글서	손수	붓필		또역	다시부	아닐불	기쁠희

친	근	기	인		급	제	악	자
親	近	其	人		及	諸	惡	者
친할친	가까울근	그기	사람인		및급	모든제	악할악	놈자

약	도	아		약	축	저	양	계	구
若	屠	兒		若	畜	猪	羊	雞	狗
만약약	잡을도	아이아		만약약	기를축	돼지저	양양	닭계	개구

약	엽	사		약	현	매	여	색
若	獵	師		若	衒	賣	女	色
만약약	사냥엽	스승사		만약약	팔현	팔매	여자여	빛색

시	인		심	의	질	직		유	정
是	人		心	意	質	直		有	正
이시	사람인		마음심	뜻의	바탕질	곧을직		있을유	바를정

경서나 수필도 좋아하지 않느니라. 또한 그런 종류의 글을 쓰는 사람들과 사귀는 것도 별로 기뻐하지 않고,
여러 악한 자들 곧 백정이나 돼지·염소·닭·개 따위를 키우는 사람
혹은 사냥꾼이나 여색을 파는 자들과 친하게 지내는 것을 좋아하지 않느니라.
그 사람은 마음먹고 생각하는 것이 순박하고 정직하며,

억	념		유	복	덕	력		시	인
憶	念		有	福	德	力		是	人
생각할 억	생각할 념		있을 유	복 복	덕 덕	힘 력		이 시	사람 인

불	위	삼	독	소	뇌		역	부	불
不	爲	三	毒	所	惱		亦	復	不
아닐 불	할 위	석 삼	독 독	바 소	괴로워할 뇌		또 역	다시 부	아닐 불

위		질	투	아	만	사	만		증
爲		嫉	妬	我	慢	邪	慢		增
할 위		투기할 질	투기할 투	나 아	거만할 만	간사할 사	거만할 만		더할 증

상	만	소	뇌		시	인		소	욕
上	慢	所	惱		是	人		少	欲
위 상	거만할 만	바 소	괴로워할 뇌		이 시	사람 인		적을 소	욕심 욕

지	족		능	수	보	현	지	행
知	足		能	修	普	賢	之	行
알 지	족할 족		능할 능	닦을 수	널리 보	어질 현	어조사 지	행할 행

올바르게 가르침을 잘 기억할 뿐더러 복덕의 힘까지 두루 갖추었느니라.
그래서 삼독번뇌로 인하여 고통당하지 아니하고,
질투와 아만·그릇된 오만·증상만 등에 시달리지 않느니라. 다시 말해
그 사람은 욕심이 적으며 만족할 줄을 알아서, 능히 보현의 행을 닦을 수 있느니라.

보	현		약	여	래	멸	후		후
普	賢		若	如	來	滅	後		後
널리 보	어질 현		만약 약	같을 여	올 래	멸할 멸	뒤 후		뒤 후

오	백	세		약	유	인	견		수
五	百	歲		若	有	人	見		受
다섯 오	일백 백	해 세		만약 약	있을 유	사람 인	볼 견		받을 수

지	독	송		법	화	경	자		응
持	讀	誦		法	華	經	者		應
가질 지	읽을 독	외울 송		법 법	꽃 화	경 경	놈 자		응당히 응

작	시	념		차	인	불	구		당
作	是	念		此	人	不	久		當
지을 작	이 시	생각 념		이 차	사람 인	아닐 불	오랠 구		마땅히 당

예	도	량		파	제	마	중		득
詣	道	場		破	諸	魔	衆		得
이를 예	길 도	마당 장(량)		깨뜨릴 파	모든 제	마귀 마	무리 중		얻을 득

보현보살이여!
여래가 열반한 뒤 마지막 오백 년의 말법 세상 기간 동안에,
혹 누구라도 법화경을 받아 지니며 읽고 외우는 사람을 보거든 이렇게 생각해야 하느니라.
'이 분은 머지않아 반드시 도량에 나아가서, 모든 마군들을 물리치고

아	뇩	다	라	삼	먁	삼	보	리
阿	耨	多	羅	三	藐	三	菩	提
언덕 아	김맬 누(뇩)	많을 다	새그물 라	석 삼	아득할 막(먁)	석 삼	보리 보	끌 제(리)

전	법	륜		격	법	고		취	법
轉	法	輪		擊	法	鼓		吹	法
구를 전	법 법	바퀴 륜		칠 격	법 법	북 고		불 취	법 법

라		우	법	우		당	좌	천	인
螺		雨	法	雨		當	坐	天	人
소라 라		비 우	법 법	비 우		마땅히 당	앉을 좌	하늘 천	사람 인

대	중	중		사	자	법	좌	상
大	衆	中		師	子	法	座	上
큰 대	무리 중	가운데 중		스승 사	아들 자	법 법	자리 좌	위 상

보	현		약	어	후	세		수	지
普	賢		若	於	後	世		受	持
널리 보	어질 현		만약 약	어조사 어	뒤 후	세상 세		받을 수	가질 지

아뇩다라삼먁삼보리를 얻으리라. 그리하여 법륜을 굴리고 법고를 침은 물론
법의 소라를 불고 법비를 내리며, 마땅히 하늘천신과 사람들 가운데에서
당당히 사자좌의 법상 위에 앉게 되리라.'
보현보살이여! 앞으로 미래에

독	송		시	경	전	자		시	인
讀	誦		是	經	典	者		是	人
읽을 독	외울 송		이 시	경 경	법 전	놈 자		이 시	사람 인

불	부	탐	착		의	복	와	구	음
不	復	貪	著		衣	服	臥	具	飮
아닐 불	다시 부	탐할 탐	붙일 착		옷 의	옷 복	누울 와	갖출 구	마실 음

식		자	생	지	물		소	원	불
食		資	生	之	物		所	願	不
먹을 식		재물 자	날 생	어조사 지	만물 물		바 소	원할 원	아닐 불

허		역	어	현	세		득	기	복
虛		亦	於	現	世		得	其	福
빌 허		또 역	어조사 어	지금 현	세상 세		얻을 득	그 기	복 복

보		약	유	인		경	훼	지	언
報		若	有	人		輕	毀	之	言
갚을 보		만약 약	있을 유	사람 인		가벼울 경	헐 훼	어조사 지	말씀 언

이 경전을 수지하여 읽고 외우는 자는
의복이나 침구·음식물 또는 다른 생활용품 등을 욕심내지 아니하여도,
그가 원하는 것은 헛되지 아니할 것이며 현세에서 바로 그 복을 받으리라.
그런데 어떤 사람이 법화경 공부하는 사람을 가볍게 여겨 비방하되,

여	광	인	이		공	작	시	행	
汝	狂	人	耳		空	作	是	行	
너 여	미칠 광	사람 인	어조사 이		빌 공	지을 작	이 시	행할 행	

종	무	소	획		여	시	죄	보	
終	無	所	獲		如	是	罪	報	
마침내 종	없을 무	바 소	얻을 획		같을 여	이 시	허물 죄	갚을 보	

당	세	세	무	안	약	유	공	양	
當	世	世	無	眼	若	有	供	養	
마땅히 당	세상 세	세상 세	없을 무	눈 안	만약 약	있을 유	이바지할 공	기를 양	

찬	탄	지	자		당	어	금	세	
讚	歎	之	者		當	於	今	世	
칭찬할 찬	찬탄할 탄	어조사 지	놈 자		마땅히 당	어조사 어	이제 금	세상 세	

득	현	과	보		약	부	견		수
得	現	果	報		若	復	見		受
얻을 득	지금 현	실과 과	갚을 보		만약 약	다시 부	볼 견		받을 수

> '이런 미친 놈 봤나! 쓸데없이 이 짓거리나 하다니…. 아무리 해봤자 결국 아무것도 얻지 못할 게 뻔한데 말이야!'
> 이렇게 비방하는 자는 그 죄의 과보로 마땅히 세세생생 태어날 적마다 장님으로 태어나리라.
> 반대로 어떤 이가 법화경 수행하는 사람을 공양하고 찬탄한다면,
> 마땅히 현세에서 그에 대한 분명한 보답을 받으리라.

지	시	경	자		출	기	과	악
持	是	經	者		出	其	過	惡
가질 지	이 시	경 경	놈 자		날 출	그 기	허물 과	악할 악

약	실	약	부	실	차	인	현	세
若	實	若	不	實	此	人	現	世
만약 약	진실 실	만약 약	아닐 부	진실 실	이 차	사람 인	지금 현	세상 세

득	백	라	병		약	유	경	소	지
得	白	癩	病		若	有	輕	笑	之
얻을 득	흰 백	문둥병 라	병들 병		만약 약	있을 유	가벼울 경	웃을 소	어조사 지

자		당	세	세	아	치	소	결
者		當	世	世	牙	齒	踈	缺
놈 자		마땅히 당	세상 세	세상 세	어금니 아	이 치	성글 소	이지러질 결

추	순	평	비		수	각	요	려
醜	脣	平	鼻		手	脚	繚	戾
더러울 추	입술 순	평평할 평	코 비		손 수	다리 각	감길 요	어그러질 려

또 누군가 이 경을 수지하는 사람을 보고 그 사람의 허물을 들추어낸다면, 그 말이 사실이든 아니든 간에 현세에서 문둥병을 앓게 되리라. 혹 법화경 수행하는 사람을 가볍게 보고 업신여겨 비웃는다면, 앞으로 세세생생 태어날 적마다 이빨이 성글게 나고 군데군데 빠져서 입술도 보기 싫게 추해지리라. 게다가 코도 납작해지고 손발은 뒤틀리게 되며

안	목	각	래		신	체	취	예
眼	目	角	睞		身	體	臭	穢
눈 안	눈 목	뿔 각	한눈 팔 래		몸 신	몸 체	냄새 취	더러울 예

악	창	농	혈		수	복	단	기
惡	瘡	膿	血		水	腹	短	氣
악할 악	부스럼 창	고름 농	피 혈		물 수	배 복	짧을 단	기운 기

제	악	중	병		시	고	보	현
諸	惡	重	病		是	故	普	賢
모든 제	악할 악	무거울 중	병들 병		이 시	연고 고	널리 보	어질 현

약	견	수	지		시	경	전	자
若	見	受	持		是	經	典	者
만약 약	볼 견	받을 수	가질 지		이 시	경 경	법 전	놈 자

당	기	원	영		당	여	경	불
當	起	遠	迎		當	如	敬	佛
마땅히 당	일어날 기	멀 원	맞이할 영		마땅히 당	같을 여	공경할 경	부처 불

사팔뜨기 눈에다, 몸에서는 더러운 냄새가 나고 종기와 부스럼으로 피고름이 생길 뿐 아니라
배에 물이 차고 숨이 가빠지는 등 온갖 중병에 걸리게 되리라.
그러므로 보현보살이여! 만약 이 경전 받아 지니는 사람을 보거든 마땅히 일어나
멀리까지 나가서 영접하되, 부처님을 공경하듯이 받들어야 하느니라."

설	시	보	현	권	발	품	시		항
說	是	普	賢	勸	發	品	時		恒
말씀 설	이 시	널리 보	어질 현	권할 권	필 발	가지 품	때 시		항상 항

하	사	등		무	량	무	변	보	살
河	沙	等		無	量	無	邊	菩	薩
물 하	모래 사	같을 등		없을 무	헤아릴 량	없을 무	가 변	보리 보	보살 살

득	백	천	만	억	선	다	라	니	
得	百	千	萬	億	旋	陀	羅	尼	
얻을 득	일백 백	일천 천	일만 만	억 억	돌 선	비탈질 타(다)	새그물 라	여승 니	

삼	천	대	천	세	계	미	진	등	
三	千	大	千	世	界	微	塵	等	
석 삼	일천 천	큰 대	일천 천	세상 세	지경 계	작을 미	티끌 진	같을 등	

제	보	살		구	보	현	도		불
諸	菩	薩		具	普	賢	道		佛
모든 제	보리 보	보살 살		갖출 구	널리 보	어질 현	길 도		부처 불

부처님께서 이 〈보현보살권발품〉을 설하셨을 때에,
항하의 모래알처럼 한량없고 그지없이 많은 보살들이 백천만억선다라니를 얻었다.
그리고 삼천대천 온 세계의 티끌수처럼 수없이
많은 보살들도 보현도를 구족히 갖추게 되었다.

설	시	경	시		보	현	등	제	보
說	是	經	時		普	賢	等	諸	菩
말씀설	이시	경경	때시		널리보	어질현	무리등	모든제	보리보

살		사	리	불	등		제	성	문
薩		舍	利	弗	等		諸	聲	聞
보살살		집사	이로울리	아닐불	무리등		모든제	소리성	들을문

급	제	천	룡		인	비	인	등	
及	諸	天	龍		人	非	人	等	
및급	모든제	하늘천	용룡		사람인	아닐비	사람인	무리등	

일	체	대	회		개	대	환	희	
一	切	大	會		皆	大	歡	喜	
한일	모두체	큰대	모일회		다개	큰대	기쁠환	기쁠희	

수	지	불	어		작	례	이	거	
受	持	佛	語		作	禮	而	去	
받을수	가질지	부처불	말씀어		지을작	예도례	말이을이	갈거	

이렇게 석가모니 부처님께서 법화경을 다 설하시자,
보현보살을 비롯한 여러 보살들과 사리불을 포함한 모든 성문 제자들,
그리고 여러 하늘천신·용과 사람인 듯하면서 아닌 이 등 많은 대중들이 전부 다 크게 환희하였다.
그리고 모두 부처님 말씀을 마음속 깊이 새긴 채 예배하고 물러갔다.

혜조惠照 스님

공주사대 독어과 졸업 후 출가.

봉녕사 강원 졸업.

동국대학교 대학원 박사과정 수료.

대한불교조계종 총무원 문화국장 역임.

저서 및 논문으로 『우리말 법화삼부경』, 『우리말 법화경 사경』(전5권), 『행복을 부르는 법화경 사경』(전7권), 『운명을 바꾸는 법화경 사경』(전7권), 『독송용 우리말 법화경』, 『너를 위해 밝혀둔 작은 램프 하나』(시집), 『엉겅퀴 붉은 향』(시집), 「연기법에 의한 공사상과 중도론 연구」(논문) 등이 있다.

행복을 부르는 법화경 사경 7

발행일 2024년 7월 15일

옮긴이 혜조 | 펴낸이 김시열

펴낸곳 도서출판 운주사

　　　(02832) 서울시 성북구 동소문로 67-1 성심빌딩 3층

　　　전화 (02) 926-8361 | 팩스 (0505) 115-8361

ISBN 978-89-5746-794-7　03220　값 10,000원

http://cafe.daum.net/unjubooks (다음 카페: 도서출판 운주사)